Sopa de pollo par

«Después de entrevistar a centenares de personas ricas y entiendo que el dinero y la fama no hacen a la gente automáticamente feliz. Esto es algo que tiene venir de adentro. Prefiero tener un millón de sonrisas en el corazón, que un millón de dólares en el bolsillo. *Sopa de pollo para el alma* le ayudará a poner un millón de sonrisas en su corazón».

Robin Leach
Figura de la televisión y escritor

«Narrar historias es una de las maneras más poderosas para enseñar los valores, y abrir las puertas a nuevas posibilidades. En esta rica y variada colección cada uno encontrará por lo menos unas cuantas historias que lo impactarán de manera especial, historias estas que usted guardará como un tesoro y querrá compartir».

Nathaniel Branden
Autor de *The Power Of Self-Esteem* [El poder de la autoestima]

«Este es un libro cálido, maravilloso, estimulante e inspiracional, lleno de ideas y pensamientos que cualquiera puede usar para mejorar una parte de su vida. Se debe leer, reflexionar en él, y volver a leerlo una y otra vez».

Brian Tracy
Autor de *The Psychology of Achievement* [La psicología del éxito].

«Este libro es sabiduría y consuelo para todas las edades. Es tan contemporáneo como una caminata en el espacio, y tan eterno como las pirámides. El mundo necesita narradores que nos ayuden a encontrar sentido en medio de la confusión y del caos de estos tiempos complejos. Jack y Mark son narradores consumados, y coleccionistas de historias de la vida real. Un regalo magnífico para maestros, conferencistas, y para cualquiera en su viaje a través del crecimiento y la sanidad. Helo aquí, escrito con ingenio, compasión e integridad».

Sidney B. Simon
Profesor emérito de la universidad de Massachusetts, y coautor de *Values Clarification* [Aclaración de valores], *Forgiveness* [Perdón], y otros catorce títulos más.

i

«Disfruté de cada página. Las historias tocan el corazón, y son inmensamente motivacionales; la poesía es hermosa, y las citas son muy profundas y significativas. Jack y Mark realmente han recopilado una gran cantidad de sabiduría. Su contenido proporciona gran comprensión en todas las dimensiones de la vida.

Este libro es un maravilloso regalo para motivar a los amigos y seres queridos, y puede estar seguro de que compraré copias adicionales para todos ellos».

Richard Loughlin
Presidente de Century 21 Real Estate Corp.

«¡Qué gran libro! Jack Canfield y Mark Victor Hansen han escrito un libro que tiene el mismo efecto que tenía la sopa de pollo de mi abuela... es confortante y tranquilizante. Pienso usarlo siempre que necesite un poco de amor».

Dawn Steel
Expresidente de Columbia Pictures

«*Sopa de pollo para el alma* nos recuerda poderosamente que el ingrediente principal de la vida es el *amor*. Todos lo deberían leer».

Wally Amos
Famous Amos Cookies

«¡Qué gran regalo nos han dado con esta colección de historias de inspiración! ¡Y qué hermoso regalo será para mis amigos! Estoy convencido de que *Sopa de pollo para el alma* debe estar en la mesa de noche de todos, para que al final del día se lo lea siquiera por treinta minutos, a fin de mantener la fe en la naturaleza humana y en la bondad básica de todas las personas.

Las historias que han seleccionado animan el corazón, y neutralizan las noticias que escuchamos todos los días a través de los medios de comunicación. Su libro restaura el alma y da un sentido positivo de lo que verdaderamente es la vida. ¡Bien hecho! Estoy seguro de que tendrá mucho éxito».

Bob Reasoner
Presidente de International Council for Self-Esteem
Autor de *Building Self-Esteem* [Edifica la autoestima]

SOPA
DE POLLO
PARA EL
ALMA

Relatos que conmueven el corazón
y ponen fuego en el espíritu

Jack Canfield
y
Mark Victor Hansen

Health Communications, Inc.
Deerfield Beach, Florida

Título original en inglés: *Chicken Soup for the Soul*
Traducido por Guillermo H. Vásquez P.

Editor: Health Communications, Inc.
          3201 S.W. 15th Street
          Deerfield Beach, FL 33442-8190

Cubierta diseñada por Barbara Bergman

Si hay luz en el alma,
Habrá belleza en la persona.
Si hay belleza en la persona,
Habrá armonía en el hogar.
Si hay armonía en el hogar,
Habrá orden en la nación.
Si hay orden en la nación,
Habrá paz en el mundo.

Proverbio chino

Con amor dedicamos este libro a nuestras esposas,
Georgia y Patty, y a nuestros hijos,
Christopher, Oran, Kyle, Elizabeth y Melanie,
quienes son sopa de pollo para nuestras almas.
Ustedes conmueven constantemente nuestros corazones,
y ponen fuego en nuestros espíritus.
¡Los amamos mucho!

Reconocimientos

Este libro tardó en hacerse casi dos años, desde que fue concebido hasta su finalización. Fue un trabajo de amor, y empleó los esfuerzos combinados de muchas personas. Queremos reconocer especialmente a las siguientes:

A Patty Mitchell, quien mecanografió y volvió a mecanografiar cada una de estas historias por lo menos cinco veces. Su entrega a este proyecto incluyó muchos días de trabajo hasta las diez de la noche, y muchos fines de semana. ¡Gracias Patty! No lo hubiéramos podido hacer sin ti.

A Kim Wiele, por el monumental trabajo de mecanografiar una y otra vez muchas de las historias, manejando la mayor parte de la extensa investigación y coordinando todo el aparentemente interminable trabajo para conseguir el permiso de derechos de autor en las historias que no escribimos nosotros mismos. Ella hizo un trabajo increíble. Gracias Kim.

A Kate Driesen, quien colaboró en el trabajo de mecanografiar, leer y comentar cada historia, y ayudó mucho en la investigación. Siempre estuviste allí cuando había una fecha límite de entrega. Gracias.

A Wanda Pate, quien contribuyó incesantemente con su ayuda en la investigación y mecanografía.

A Cheryl Millikin, quien mantuvo el proceso en marcha, y el flujo de material funcionando todo el tiempo.

A Lisa Williams, por hacerse cargo del trabajo de Mark para que pudiera dedicarse a este libro.

A Larry Price y Mark Powers, por tener todo en marcha mientras se escribía el libro.

A los centenares de personas que escucharon, leyeron y comentaron estas historias, poemas y citas.

A todos nuestros amigos de la Asociación Nacional de Oradores, quienes tan generosamente nos dieron su propio material para completar este libro. Queremos agradecer especialmente a Dottie Walters por su continuo estímulo y apoyo.

A Frank Siccone, un querido amigo que contribuyó con varias de sus historias y citas.

A Jeff Herman, por ser un agente literario tan inspirado, y por creer en el libro desde el principio. Jeff, nos encanta trabajar contigo.

A Peter Vegso, Gary Seidler, y Barbara Nichols de Health Communications por captar la visión del libro mucho antes de que lo hiciera cualquier otro. Apreciamos su entusiasta apoyo.

A Cindy Spitzer, quien escribió y editó varias de las más importantes historias de este libro. Cindy, tu contribución fue valiosa.

A Marie Stilkind, nuestra editora de Health Communications por sus esfuerzos, sin horario, para llevar este libro a su más elevado nivel de excelencia.

A Bob Proctor, que contribuyó con varias historias y anécdotas de su voluminoso archivo de historias sobre la enseñanza. Gracias Bob, has sido un buen amigo.

A Brandon Hall, quien nos ayudó con dos historias.

También queremos agradecer a las siguientes personas por su estimulante reacción a la primera prueba del libro: Ellen Angelis, Kim Angelis, Jacob Blass, Rick Canfield, Dan Drubin, Kathy Fellows, Patty Hansen, Norman Howe, Ann Husch, Tomas Nani, Dave Potter, Danielle Lee, Michele Martin, Georgia Noble, Lee Potts, Linda Price, Martin Rutte, Lou Tartaglia, Dottie Walters, Rebecca Weidekehr, Harold C. Wells

Índice

Sopa de pollo para el alma

Introducción

Sabemos todo lo que necesitamos para terminar el sufrimiento emocional innecesario que la mayoría de las personas experimentan regularmente. Alta autoestima y efectividad personal están al alcance de cualquiera que desee tomarse el tiempo para alcanzarlas.

Es difícil traducir en palabras el espíritu de una presentación. Las historias que contamos se han revisado cinco veces para que funcionen en palabras tan bien como en forma viva. Cuando leas estas historias, por favor olvida todo lo que aprendiste alguna vez en tu curso de lectura rápida. Lee lentamente, escucha las palabras en tu corazón, así como en tu mente. Saborea cada historia. Permite que te toque. Pregúntate: ¿Qué despierta en mí? ¿Qué sugiere en mi vida? ¿Qué sentimiento o acción inspira desde lo más profundo de mi ser? Ten una relación personal con cada historia.

Algunas narraciones te conmoverán más que otras. Algunas tendrán un significado más profundo. Algunas te harán llorar. Otras te harán reír. Algunas te darán un cariñoso sentimiento. Algunas te golpearán justo en medio de los ojos. No hay una reacción establecida. Lo único que hay es *tu* reacción. Déjala ser y suceder.

No tengas prisa leyendo este libro. Toma tu tiempo. Disfrútalo, saboréalo. Métete en él con todo tu ser. Este representa miles de horas de escoger «lo mejor de lo mejor» de nuestros cuarenta años de experiencia combinada.

Por último, leer un libro como este es algo así como sentarse a comer sólo postres. Quizás sean demasiado sabrosos. Es una comida sin vegetales, ensalada o pan. Es pura esencia con muy poca espuma.

En nuestros seminarios y talleres empleamos más tiempo para determinar y tratar las sugerencias de cada historia. Hay más explicaciones y exploraciones de cómo aplicar las lecciones y principios a tu vida diaria. No te limites sólo a leerlas. Toma tiempo para digerirlas y apropiarte de ellas.

Si te sientes motivado a hablar de una historia con otros, hazlo. Cuando una narración te haga pensar en otra persona, llámala y platica con ella. Compenétrate con las historias, y deja que te impulsen a hacer lo que te enseñan. Ellas se escribieron para inspirarte y motivarte.

Para escribir muchas de estas historias fuimos a las fuentes originales, y pedimos escribirlas o narrarlas en sus propias palabras. Muchas de ellas estarán en la voz de quienes las vivieron, no en la nuestra. Hemos atribuido cada historia que pudimos a la fuente original. Para los oradores e instructores hemos incluido una sección al final del libro, en ella damos sus nombres, dirección y número de teléfono para que te puedas contactar con ellos si lo deseas.

Esperamos que disfrutes enormemente leyendo este libro, de la misma manera que nosotros disfrutamos escribiéndolo.

1

SOBRE EL AMOR

El día llegará en que, después de utilizar el espacio, los vientos, la marea y la gravitación, utilizaremos para Dios las energías del amor. Y en ese día, por segunda ocasión en la historia del mundo, habremos descubierto el fuego.

Teilhard de Chardin

...ica fuerza creativa

*...lequiera que vayas: antes que
...a. Brinda amor a tus hijos, a tu
...ecino ... no permitas que nadie
...ga mejor y más feliz. Sé la viva
...ad de Dios; bondad en tu cara,
...ondad en tu sonrisa, bondad en*

Madre Teresa

Un profesor universitario pidió a su clase de sociología
que fuera a los suburbios de Baltimore para conseguir doscientos casos de historias de muchachos. Se les pidió escribir una evaluación del futuro de cada joven. En cada caso
los estudiantes escribieron: «Él no ha tenido una oportunidad». Veinticinco años más tarde otro profesor de sociología
revisó este mismo estudio. Había pedido a sus estudiantes
seguir el proyecto para ver qué había sucedido con aquellos
jóvenes. Con excepción de veinte que se habían mudado o
que habían muerto, los estudiantes llegaron a saber que 176
de los restantes 180 habían logrado un éxito mucho más que
ordinario como abogados, doctores y empresarios.

El profesor se sorprendió, y decidió continuar con el seguimiento. Afortunadamente, todos los hombres estaban en el área, y podía interrogar a cada uno: «¿Cómo piensas que lograste tu triunfo?» En todos los casos la réplica vino con emoción: «Hubo una maestra».

La maestra aún vivía, así que preguntó a la ya anciana —pero todavía lúcida dama— cuál era la fórmula mágica que había utilizado para sacar de los suburbios a esos muchachos y llevarlos a realizaciones prósperas.

Los ojos de la maestra parpadearon, y sus labios se abrieron con una tierna sonrisa: «En verdad es muy simple», dijo. «Amaba a esos muchachos».

Eric Butterworth

Lo único que recuerdo

—¿Te he dicho ahora cuánto te quiero? —me decía siempre mi padre cuando comenzaba una conversación conmigo.

La expresión de amor era recíproca. En sus últimos años, cuando su vida visiblemente comenzó a deteriorarse, nos sentíamos aun más cerca... si era posible.

A los ochenta y dos años él estaba listo para morir, y yo estaba lista para dejarle partir, pues de ese modo su sufrimiento terminaría. Reímos y lloramos, nos dimos las manos, hablamos de nuestro mutuo amor, y convinimos en que había llegado el momento.

—Después de que te hayas ido quiero una señal tuya de que estás bien —le dije.

Se rió de lo absurdo de mi petición; no creía en la reencarnación. Tampoco yo estoy segura de haber creído, pero había tenido muchas experiencias que me convencieron de que podría recibir alguna señal «desde el otro lado».

Mi padre y yo estábamos conectados tan profundamente, que pude sentir su ataque al corazón en mi propio pecho el momento en que murió. Más tarde me lamenté de que el hospital, en su aséptica sabiduría, no me había permitido tomar su mano mientras se iba.

Día tras día oraba para oír de él, pero nada sucedía. Noche

tras noche rogué por un sueño antes de quedar dormida. Sin embargo, transcurrieron cuatro largos meses, y no oí ni sentí nada, sino dolor por su partida. Mi madre había muerto del mal de Alzheimer cinco años antes, y pese a que yo tenía hijas, me sentí como una niña perdida.

Un día, mientras yacía esperando mi turno sobre la mesa de masajes en un cuarto tranquilo y oscuro, una ola de nostalgia por mi padre me invadió totalmente. Comencé a preguntarme si había sido demasiado exigente al pedir una señal de él. Noté que mi mente se encontraba en un estado hiperagudo. Experimenté una claridad nada familiar, a la que podía haber añadido largas columnas de figuras en mi cabeza. Me aseguré de estar despierta y no soñando, y me di cuenta de que estaba tan lejos como era posible de cualquier estado soñoliento. Cada pensamiento que tenía era como una gota de agua que perturba un estanque tranquilo, y me maravilló la paz de cada momento que pasaba. Entonces pensé: «He estado tratando de controlar los mensajes del otro lado; voy a dejar de hacerlo ahora».

Repentinamente apareció el rostro de mi madre... mi madre, como era antes de que la enfermedad de Alzheimer le hubiera robado su mente, su humanidad y cincuenta libras. El magnífico cabello plateado coronaba su dulce rostro. Era tan real, y estaba tan cerca, que sentí que podía llegar a ella y tocarla. Lucía como doce años atrás, antes de que la devastadora enfermedad hubiera comenzado. Incluso olí la fragancia de Joy, su perfume favorito. Parecía estar esperando y no habló. Me pregunté cómo podía ser que yo pensara en mi padre, y que fuera mi madre quien apareciera. Me sentí un poco culpable de no haber pedido que ella apareciera también.

—Oh madre, siento tanto que hayas tenido que sufrir esa horrible enfermedad —le dije.

Ella ladeó ligeramente la cabeza, como para entender lo

que yo había dicho sobre su sufrimiento. Luego sonrió de manera hermosa.

—Pero lo único que recuerdo es amor —dijo claramente y desapareció.

Comencé a temblar en el cuarto que repentinamente se había puesto frío, y supe en mis huesos que el amor que damos y recibimos es lo único que importa, y lo único que se recuerda. El sufrimiento desaparece; el amor permanece.

Sus palabras son las más importantes que he oído, y ese momento quedó para siempre grabado en mi corazón.

Todavía no he visto ni he oído nada de mi padre, pero no tengo duda de que algún día, cuando menos lo espere, aparecerá y dirá:

—¿Te he dicho ahora cuánto te quiero?

Bobbie Probstein

Canción del corazón

Había una vez un gran hombre que se casó con la mujer de sus sueños. De su amor procrearon una bebita. La niña era hermosa y alegre, y el hombre la amaba mucho.

Cuando era muy pequeña, él la cargaba, tarareaba una melodía y bailaba con ella por toda la habitación, para decirle luego: «Te quiero, mi pequeña».

Cuando la pequeña niña creció, su padre la abrazaba y le decía: «Te quiero pequeña». La niña se ponía seria y decía: «Ya no soy pequeña». Entonces el hombre reía y decía: «Sin embargo, para mí siempre serás mi pequeñita».

La pequeña niña —que ya no era pequeña— dejó su hogar y se fue por el mundo. Mientras aprendía más de sí misma, aprendía más del hombre. Vio que en verdad él era grande y fuerte; para esa época reconoció sus virtudes. Una de ellas era su capacidad de expresar amor por su familia. Sin importar dónde estuviera ella en el mundo, el hombre la llamaba por teléfono y le decía: «Te quiero pequeña».

Llegó el día en que la pequeña niña —que ya no era pequeña— recibió una llamada. El gran hombre estaba enfermo. Había sufrido un ataque. Estaba sin habla, le explicaron a la muchacha. No podría hablar nunca más, y no estaban seguros de que podía entender lo que le hablaban. No podía sonreír, reír, caminar, abrazar, bailar o decirle a la pequeña niña —que ya no era pequeña— cuánto la amaba.

Y así ella fue al lado del gran hombre. Cuando entró en la habitación y lo vio, le pareció pequeño y de ninguna manera fuerte. Él la miró y trató de hablar, pero no pudo.

La pequeña niña hizo lo único que podía hacer. Se reclinó sobre la cama cerca del hombre. Las lágrimas que brotaron de sus ojos corrieron por las mejillas, mientras ponía los brazos alrededor de los hombros inútiles de su padre.

Con la cabeza en su pecho, pensaba muchas cosas. Recordaba los maravillosos momentos juntos, y cómo siempre se había sentido protegida y querida por él. Sintió dolor por la pérdida que tendría que soportar: las palabras de amor que siempre la habían consolado.

Y entonces oyó en su interior el latido de su corazón. El corazón donde la música y la letra siempre habían estado vivas. El corazón continuaba latiendo firmemente, sin preocuparse del daño que tenía el resto del cuerpo. Mientras ella descansaba allí, sucedió lo mágico. Escuchó lo que necesitaba oír.

El corazón latía las palabras que su boca no podía decir nunca más...

Te quiero
Te quiero
Te quiero
Pequeña
Pequeña
Pequeña

Y ella se consoló.

Patty Hansen

Amor verdadero

Moisés Mendelssohn, el abuelo del conocido compositor alemán, estaba lejos de ser bien parecido. Además de su corta estatura, tenía una grotesca joroba.

Un día visitó a un comerciante en Hamburgo que tenía una encantadora hija llamada Frumtje. Moisés se enamoró desesperadamente de ella. Sin embargo, Frumtje sentía repulsión por su deforme apariencia.

Cuando llegó el momento de salir, Moisés hizo acopio de todo su valor, y subió las escaleras hacia la habitación de la muchacha, a fin de tener la última oportunidad de hablarle. Ella era una visión de la belleza celestial, pero su rechazo al mirarlo le causó una profunda tristeza.

—¿Crees que los matrimonios se hacen en el cielo? —preguntó tímidamente Moisés después de varios intentos de conversación.

—Sí —respondió mirando todavía al piso—. ¿Y tú?

—Sí, lo creo —replicó—. Como sabes, en el cielo, al momento del nacimiento de cada niño, el Señor anuncia cuál es la muchacha con la que habrá de casarse. Cuando yo nací, me fue asignada mi futura novia. Entonces el Señor añadió: "Pero tu esposa será jorobada".

»Fue cuando clamé: "Oh Señor, una mujer jorobada sería

una tragedia. Por favor, dame a mí la joroba y déjale a ella ser bella".

Entonces Frumtje lo miró a los ojos, y se sintió tocada por alguna profunda memoria. Extendió su mano, y se la dio a Mendelssohn, y más tarde se convirtió en su devota esposa.

Barry y Joyce Vissell

El juez abrazador

¡No me ahorques! ¡Abrázame!

Calcomanía de parachoques

Lee Shapiro es un juez jubilado. Realmente es también una de las personas más cariñosas que conozco. En un momento de su carrera se dio cuenta de que el amor es el poder más grande que existe. Como resultado se convirtió en un abrazador. Comenzó ofreciendo a todos un abrazo. Sus colegas lo apodaron «el juez abrazador» (creemos que en oposición al «juez ahorcador»). La calcomanía de su auto dice: «¡No me ahorques! ¡Abrázame!»

Hace más o menos seis años Lee creó lo que llama su *kit del abrazador*. En la parte de afuera se lee: «Un corazón por un abrazo». El interior contiene treinta corazoncitos rojos bordados, con cinta pegante en la parte posterior. Lee saca su kit de corazones para abrazar, se dirige a todas las personas y les ofrece un corazoncito a cambio de un abrazo.

Lee llegó a ser bien conocido por esto, y a menudo se le invita a conferencias y convenciones en las que comparte su mensaje de amor incondicional. Los diarios locales lo criticaron en una conferencia en San Francisco.

—Es fácil dar abrazos en la conferencia, a personas que se seleccionaron para estar aquí. Pero no dará resultado en el mundo real —le dijeron.

Desafiaron a Lee para que saliera a dar abrazos en las calles de San Francisco. Salió entonces a la calle seguido por un equipo de televisión de la estación local de noticias, y se aproximó a una mujer que pasaba por allí.

—Hola, soy Lee Shapiro, el juez abrazador. Estoy cambiando estos corazones por un abrazo —le dijo.

—Seguro —replicó ella.

—Demasiado fácil —dijo el comentarista local.

Lee miró alrededor. Vio a una controladora de parquímetros que tenía dificultades con el propietario de un BMW, al que estaba multando. Se dirigió hacia ella seguido por las cámaras.

—Me parece que le hace falta un abrazo. Yo soy el juez abrazador, y le ofrezco uno —le dijo.

Ella aceptó.

El comentarista de la televisión lanzó un desafío final:

—Mira, ahí viene un bus. Los conductores de buses de San Francisco son las personas más rudas, toscas, y malas de toda la ciudad. Veamos si consigues que este te dé un abrazo.

Lee aceptó el reto.

—Hola, soy Lee Shapiro, el juez abrazador —dijo al chofer cuando el autobús llegó a la parada—. Este trabajo suyo tiene fama de ser el más difícil de todo el mundo. Estoy dando abrazos a las personas hoy día, para aliviarles un poco la carga. ¿Quiere uno?

El conductor del bus, de 1.85 metros y 105 kilos, se levantó de su asiento, bajó a la calle y le dijo:

—¿Por qué no?

Lee le dio un gran abrazo, le entregó un corazón y se despidió con la mano cuando el bus se alejaba. El equipo que filmaba para la televisión estaba sin habla.

—Tengo que admitir que estoy muy impresionado —dijo finalmente el comentarista.

Un día, Nancy Johnston, amiga de Lee, se presentó en la puerta de su casa, usando su tradicional disfraz de payaso con maquillaje y todo, y le dijo:

—Lee, agarra algunos de tus kits del abrazador y vamos al hogar de los minusválidos.

Cuando arribaron al lugar comenzaron a repartir sombreros hechos de globos, corazones y abrazos a los pacientes. Lee se sentía incómodo. Nunca había abrazado a personas con enfermedades terminales, retardados mentales o cuadrapléjicos. Era definitivamente ponerse a prueba. Sin embargo, después de un momento se hizo fácil que un séquito de doctores, enfermeras y camilleros siguieran a Nancy y Lee, de sala en sala.

Varias horas más tarde entraron a la última sala. Estos fueron los peores treinta y cuatro casos que Lee había visto en toda su vida. La tristeza fue tan grande que se descorazonó. Pero resueltos a cumplir su compromiso de compartir su corazón y de hacer algo que valga la pena, Nancy y Lee comenzaron su tarea por toda la habitación seguidos del personal médico, quienes tenían sus corazoncitos en la solapa, y los sombreros inflados en la cabeza.

Finalmente, Lee fue hasta donde estaba Leonard, la última persona. Este usaba una gran pechera blanca sobre la que babeaba. Lee miró a Leonard babeando sobre su pechera, y dijo a Nancy:

—Vámonos, no hay modo de que podamos lograr hacer nada con este individuo.

—Vamos, Lee —replicó Nancy—. Él es también un ser humano, ¿no es así?

Entonces ella colocó un cómico sombrero inflado sobre la cabeza de él. Lee tomó uno de sus corazoncitos rojos y lo colocó en la pechera de Leonard, respiró profundamente, se inclinó y le dio un abrazo.

—¡Eeeeehh! ¡Eeeeehh! —comenzó a chillar Leonard de repente.

Algunos de los otros pacientes empezaron a hacer sonar todo lo que podían. Lee se volvió al personal médico en busca de una explicación, sólo para descubrir que cada médico, enfermera y camillero estaba llorando.

—¿Qué pasa? —preguntó a la jefa de enfermeras.

Lee no olvidará nunca lo que ella dijo:

—Esta es la primera vez en veintitrés años que hemos visto sonreír a Leonard.

Qué sencillo es hacer algo que valga la pena en las vidas de otros.

Jack Canfield y Mark V. Hansen

¿Puede suceder aquí?

Necesitamos cuatro abrazos al día para sobrevivir, ocho para mantenimiento y doce para crecer.

Virginia Satir

Siempre enseñamos a las personas a abrazarse unos a otros en nuestros talleres y seminarios. La mayoría responde diciendo: «Tú nunca abrazarías a la gente donde yo trabajo». ¿Estás seguro?

He aquí una carta de un graduado de nuestros seminarios.

Estimado Jack:

Empecé este día con el ánimo decaído. Mi amiga Rosalind se detuvo y me preguntó si yo estaba dando abrazos hoy. Murmuré algo, pero entonces comencé a pensar en abrazos y en todo eso, la semana entera. Di una mirada a la hoja que nos diste sobre *Cómo mantener vivo el seminario*, y temblé cuando llegué a la parte en que se habla de dar y recibir abrazos, porque no me podía imaginar abrazando a las personas con quienes trabajo.

Bueno, decidí hacer de ese día «el día de los abrazos», y empecé a abrazar a los clientes que venían a mi mostrador. Fue emocionante ver cómo se iluminaban sus caras. Un estudiante de Administración de Empresas saltó al mostrador y bailó. Algunos regresaron y me pidieron más abrazos. Los dos técnicos de Xerox, que eran de esa clase de individuos que caminan uno junto al otro sin hablarse, quedaron tan sorprendidos que despertaron a la realidad de la vida, y de pronto hablaban y reían mientras caminaban por el vestíbulo.

Siento como si hubiera abrazado a todo el mundo en el Instituto de Comercio Wharton, y tuve la sensación adicional de que cualquier cosa que hubiera estado mal conmigo esta mañana, incluyendo dolores físicos, se hubiera ido. Siento mucho que esta carta sea demasiado larga, pero estoy realmente emocionado. Lo cierto es que en un momento había casi diez personas abrazándose unas con otras frente a mi mostrador. No podía creer lo que sucedía.

Con amor,
Pamela Rogers

P.D. En el camino a casa abracé a un policía en la calle 37. Él dijo: «¡Eh! un policía nunca recibe abrazos. ¿Está segura de que no quiere lanzarme algo?»

Otro graduado del seminario nos envía el siguiente fragmento sobre los abrazos:

Abrazar es saludable. Ayuda al sistema inmunológico del cuerpo, te mantiene con mejor salud, cura la depresión, reduce el estrés, induce al sueño, es vigorizador, rejuvenecedor, no tiene efectos secundarios desagradables, y abrazar es nada menos que una droga milagrosa.

Abrazar es totalmente natural. Es orgánico, naturalmente dulce, sin preservativos, sin pesticidas, sin ingredientes artificiales, y es 100% puro.

Abrazar es prácticamente perfecto. No tiene piezas móviles, no usa baterías que se agoten, no necesita chequeos periódicos, consume poca energía, produce gran energía, es a prueba de inflación, no engorda, no requiere pagos mensuales, no requiere seguros, es a prueba de robo, no paga impuestos, no contamina, y por supuesto es totalmente reintegrable.

Autor desconocido

Jack Canfield

Lo que tú eres es lo que importa

Una profesora de Nueva York decidió honrar a sus alumnos de secundaria, diciéndoles la importancia que cada uno tenía. Usando un procedimiento desarrollado por Helice Bridges en Del Mar, California, la profesora llamó uno a uno a los estudiantes al frente de la clase. En primer lugar les dijo cómo cada estudiante había influido en ella y en la clase. Luego obsequió a cada uno de ellos una cinta azul impresa con letras doradas que decían: «Lo que yo soy es lo que importa».

Más adelante la maestra decidió llevar a cabo este proyecto en la comunidad, para ver qué clase de influencia tendría en ella. Dio a cada uno de sus estudiantes otras tres cintas, y les dijo que fueran e hicieran conocer a otros esta ceremonia de reconocimiento personal. Entonces tendrían que hacer un seguimiento de los resultados, ver quiénes honraron a quiénes e informar a la clase en la semana siguiente.

Uno de los chicos de la clase fue donde un joven ejecutivo de una compañía cercana, y le reconoció por haberle ayudado en la planificación de su carrera. Colocó una cinta azul en su camisa, y luego le dio las otras dos cintas.

—Estamos haciendo en la clase un proyecto sobre reconocimientos —le dijo— y nos gustaría que usted busque a alguien a quien admire para que le dé una de las cintas azules, y la otra para que esa persona haga lo mismo con alguien más, a fin de mantener esta ceremonia en marcha. Una vez hecho esto, por favor, infórmeme qué sucedió.

Más tarde, ese mismo día, el joven ejecutivo fue a ver a su jefe, quien —a propósito— tenía fama de ser un individuo gruñón y malhumorado. Lo hizo sentar y le dijo que lo admiraba profundamente por ser un genio creativo. El jefe se sorprendió. El joven ejecutivo le preguntó si aceptaría la cinta azul como regalo, y le pidió permiso para colocársela en el pecho.

—Seguro, hazlo —le contestó su sorprendido jefe.

El joven ejecutivo tomó la cinta azul y la colocó en el saco del jefe, sobre su corazón.

—¿Me haría un favor? —le dijo mientras le daba la última cinta—. ¿Quisiera tomar esta cinta extra, y darla como prueba de admiración a alguien más? El chico que me dio las cintas está llevando a cabo un proyecto de su escuela. Queremos mantener en marcha esta ceremonia de reconocimientos, y ver cómo afecta a las personas.

Esa noche el jefe llegó a su casa, se dirigió a su hijo de catorce años de edad, y se sentó con él.

—Hoy me ha sucedido algo increíble —le dijo—. Estaba en mi oficina cuando uno de los jóvenes ejecutivos entró, me dijo que me admiraba, y me dio una cinta azul por ser un genio creativo. Imagínate, él cree que soy un genio creativo. Después puso en mi saco, sobre mi corazón, esta cinta azul que dice: "Lo que yo soy es lo que importa". Me dio una cinta extra, y me pidió que encontrara a alguien más a quién reconocer. Mientras manejaba a casa esta noche, empecé a pensar a quién honrar con esta cinta, y pensé en ti. Quiero darte este reconocimiento.

»Mis días son realmente agitados, y cuando llego a casa no te presto mucha atención. A veces te grito por no sacar buenas notas en el colegio, y por tener tu dormitorio hecho un desastre, pero esta noche quiero sentarme contigo aquí, y hacerte saber que tú eres importante para mí. Tú y tu madre son las personas más importantes en mi vida. ¡Eres un gran chico y te quiero!

El sorprendido muchacho comenzó a sollozar, y no pudo contener las lágrimas. Todo su cuerpo se sacudió.

—Papá —le dijo llorando y mirándolo fijamente— estaba planeando suicidarme mañana porque pensaba que tú no me querías. Pero ya no necesito hacerlo.

Helice Bridges

Una a la vez

Un amigo nuestro estaba caminando por una desierta playa mexicana al caer la tarde. Mientras lo hacía, vio a otro hombre a la distancia. A medida que se acercaba notó que el individuo de la localidad se agachaba a cada momento, recogía algo de la arena y lo lanzaba al mar. Hacía lo mismo una y otra vez.

Tan pronto nuestro amigo se aproximó, se dio cuenta de que lo que el hombre agarraba eran estrellas marinas que las olas depositaban en la arena, y una a una las arrojaba de nuevo al mar.

Nuestro amigo estaba intrigado. Se aproximó al hombre y le dijo:

—Buenas noches amigo. Me pregunto qué estás haciendo.

—Estoy lanzando estas estrellas marinas nuevamente al océano. Como ves, la marea está baja y estas estrellas han quedado en la orilla. Si no las arrojo al mar morirán aquí por falta de oxígeno.

—Entiendo —replicó nuestro amigo—. Pero debe haber miles de estrellas de mar sobre la playa. No puedes lanzarlas a todas. Son demasiadas. Y quizás no te des cuenta de que esto sucede probablemente en cientos de playas a lo largo de la costa. ¿No estás haciendo algo que no tiene sentido?

El nativo sonrió, se inclinó y tomó una estrella marina, y mientras la lanzaba de vuelta al mar, replicó:

—¡Para esa sí lo tuvo!

Jack Canfield y Mark V. Hansen

El regalo

Bennet Cerf cuenta esta conmovedora historia, acerca de un autobús que iba saltando por una carretera de poco tráfico en el sur.

Sobre uno de los asientos, un viejo desgreñado sostenía un gran ramo de flores frescas. En el asiento del otro lado se encontraba una joven, cuyos ojos miraban una y otra vez las flores del hombre. Llegado el momento de bajarse, el viejo impulsivamente colocó las flores sobre el regazo de la chica. «Veo que te gustan las flores», explicó, «creo que a mi esposa le agradaría que fueran tuyas. Le diré que te las di». La muchacha aceptó las flores, mientras observaba que el viejo bajaba del autobús, y atravesaba la verja de un pequeño cementerio.

Un hermano así

Un amigo mío llamado Paul recibió un automóvil como regalo de navidad de parte de su hermano. La víspera de nochebuena, cuando salía de su oficina, un muchacho callejero daba vueltas alrededor del flamante y nuevo automóvil, mirándolo y admirándolo por todas partes.

—¿Es suyo este automóvil, señor? —preguntó.

—Mi hermano me lo regaló por navidad —asintió Paul con la cabeza.

El chico estaba estupefacto.

—¿Quiere decir que se lo dio su hermano y no le costó nada? Hombre, yo quisiera... —vaciló.

Por supuesto, Paul sabía lo que él deseaba. Él iba a decir que quisiera tener un hermano así, pero cuando escuchó lo que el rapazuelo dijo, se le fue el alma a los talones.

—Yo quisiera —continuó el muchacho—, que pudiera ser un hermano así.

—¿Quisieras dar una vuelta en mi automóvil? —le preguntó mi amigo, mientras miraba sorprendido al muchacho.

—Claro que sí, me encantaría.

Después de un corto paseo el muchacho se volvió a él, y con lo ojos resplandecientes dijo:

—Señor, le importaría manejar frente a mi casa?

Paul sonrió un poco. Pensó saber lo que el muchacho quería. Deseaba mostrar a sus vecinos que podía llegar a casa en un hermoso automóvil. Pero se equivocó de nuevo.

—¿Podría detenerse donde están esos dos peldaños? —preguntó el chico.

Subió corriendo los peldaños. Después de un momento, Paul lo oyó regresar, pero no venía muy rápido. Venía cargando a su pequeño hermano inválido. Lo sentó en el peldaño inferior, lo estrechó contra sí, y señaló el automóvil.

—Allí está, Buddy, exactamente como te lo dije allá arriba. Su hermano se lo dio por navidad, y a él no le costó un centavo. Algún día yo te voy a dar uno igual... entonces podrás ver todo lo hermoso que hay en las vitrinas de navidad, de las que tanto te he hablado.

Paul bajó del auto, levantó al niño y lo colocó en el asiento delantero. El hermano mayor, con los ojos brillantes, subió a su lado, y los tres iniciaron un inolvidable paseo de navidad.

Esa nochebuena Paul entendió lo que Jesús quiso decir cuando dijo: «*Es más bienaventurado dar...*»

Dan Clark

Sobre el valor

—¿Así que crees que soy valiente? —preguntó ella.

—Sí, lo creo.

—Tal vez lo soy. Pero es porque he tenido algunos maestros que me han inspirado. Te contaré acerca de uno. Hace muchos años, cuando trabajaba como voluntaria en el hospital Stanford, conocí a una niña llamada Liza que sufría de una extraña y grave enfermedad. Su única esperanza de recuperarse parecía ser una transfusión de sangre de su hermano de cinco años, que milagrosamente había sobrevivido a la misma enfermedad, y por lo tanto había desarrollado los anticuerpos necesarios para combatirla. El doctor explicó la situación al niño, y le preguntó si quería dar su sangre a su hermana. Lo vio vacilar sólo por un momento antes de dar un profundo suspiro y decir:

»"—Sí, lo haré si eso salva a Liza".

»Mientras se realizaba la transfusión él yacía en cama al lado de su hermana y sonrió, como lo hicimos todos, al ver que el color volvía a las mejillas de la niña. Entonces el rostro del niño palideció y se borró su sonrisa. Miró al doctor, y le preguntó con voz temblorosa:

»"—¿Empezaré a morir ahora?"

»Por ser tan joven el niño había malinterpretado al médico. Pensó que iba a dar a su hermanita *toda* su sangre.

—Sí, he aprendido a tener valor —agregó ella— porque he tenido maestros que me han inspirado.

Dan Millman

El fornido Ed

Cuando llegué a la ciudad para dictar un seminario sobre administración realista, un pequeño grupo de personas me invitó a comer para informarme acerca de la audiencia a la que iba a hablar al día siguiente.

El obvio líder del grupo era el fornido Ed, un hombre corpulento con estruendosa voz. Durante la comida me informó que era un conciliador o mediador para una gran organización internacional. Su trabajo consistía en ir a ciertas divisiones o subsidiarias a poner fin al empleo del ejecutivo de turno.

—Joe —dijo— Estoy esperando el día de mañana porque todos los muchachos necesitan escuchar a un tipo estricto como tú. Ellos van a descubrir que mi método es el correcto.

Sonrió de manera burlona, y guiñó un ojo.

Sonreí también. Sabía que iba a ser diferente a lo que él esperaba.

Al día siguiente permaneció sentado impasiblemente durante todo el seminario, y al final salió sin decir nada.

Tres años más tarde volví a esa ciudad para presentar otro seminario sobre administración, aproximadamente al mismo grupo. El fornido Ed estaba allí de nuevo. A las diez en punto se puso de pie repentinamente y preguntó en voz alta:

—¿Joe, puedo decir algo a estas personas?

—Seguro Ed. Cuando alguien es tan grande como tú, puede decir lo que se le antoje —dije mientras sonreía amablemente.

—Todos ustedes me conocen, y algunos saben lo que me sucedió. Quiero contarlo sin embargo a todos los aquí presentes. Joe, creo que lo apreciarás cuando haya terminado —continuó Ed—. Cuando escuché tu sugerencia de que a fin de ser verdaderamente tenaces debíamos aprender a decir a quienes se encontraban más cerca de nosotros que realmente los amamos, pensé que no era más que basura sentimental. Me pregunté qué tenía que ver eso con ser tenaz. Habías dicho que la tenacidad es como el cuero, y la dureza como el granito, que la mente exigente es abierta, elástica, disciplinada y persistente. Pero no entendía qué tenía que ver el amor con todo eso.

»Aquella noche, sentado al otro lado de la sala de donde se encontraba mi esposa, tus palabras todavía me zumbaban. ¿Qué valor necesitaría para decir a mi esposa que la amaba? ¿Acaso no podría alguien hacerlo? Dijiste también que esto debía hacerse a la luz del día, y no en la alcoba. Sentí que se aclaraba mi garganta, y comenzaba a decir algo, pero me detenía. Mi esposa me miró, y me preguntó qué había dicho.

»"—Nada —contesté.

»Luego, repentinamente me incorporé, atravesé la habitación, y nerviosamente retiré el periódico que ella leía.

»"—Alice, te amo —le dije.

»Por un momento ella se quedó perpleja. Luego las lágrimas inundaron sus ojos.

»"—Ed, yo también te amo, pero esta es la primera vez en veinticinco años que me has dicho algo así —dijo suavemente".

»Hablamos un buen rato sobre cómo el amor, si hay suficiente, puede disolver todo tipo de tensiones, y repentinamente, sin pensarlo, decidí llamar a mi hijo mayor en Nueva York. Nunca nos habíamos comunicado realmente bien.

Cuando lo tuve en la línea telefónica dejé escapar mi voz con dificultad:

»"—Hijo, tú pensarás que estoy borracho, pero no es así. Simplemente pensé que debía llamarte, y decirte que te quiero.

»"—Papá —dijo calmadamente después de hacer una pausa— creo que lo he sabido, pero es muy bueno oírlo, quiero que sepas que también te quiero".

»Tuvimos una buena charla, y después llamé a mi hijo menor en San Francisco. Había estado más unido con él. Le dije lo mismo, y esto también nos llevó a una linda conversación como nunca la habíamos tenido.

»Mientras estaba acostado esa noche pensando, me di cuenta de que lo que hablaste ese día —los elementos básicos de la verdadera administración— habían tomado un significado adicional, y pude captar cómo aplicarlos si verdaderamente entendía y practicaba el amor realista.

»Comencé a leer libros sobre la materia. Suficientes libros Joe, en los que mucha gente tenía mucho que decir, y me di cuenta del enorme sentido práctico de aplicar el amor en mi vida, tanto en el hogar como en el trabajo.

»Como algunos de quienes están aquí lo saben, verdaderamente he cambiado la manera cómo trabajo con las personas. Las escucho más y mejor. Aprendí lo que era tratar de conocer las cualidades de la gente antes de comprender sus debilidades. Descubrí la verdadera satisfacción de ayudar a construir su confianza. Tal vez lo más importante de todo sea, que en realidad entendí que una excelente manera de mostrar amor y respeto hacia los demás era esperar que usaran sus cualidades para alcanzar los objetivos que juntos nos hemos forjado.

»Joe, esta es mi manera de decir gracias. ¡A propósito, hablo de algo práctico! Ahora soy vicepresidente ejecutivo de la compañía, y me llaman un líder indispensable. ¡Bueno muchachos, ahora escuchen a este tipo!

Joe Batten

El amor y el taxista

El otro día, estando en Nueva York, viajaba en un taxi en compañía de un amigo.

—Gracias por el viaje. Condujo usted magníficamente —le dijo mi amigo al chofer cuando hubimos descendido.

—¿Está bromeando o algo así? —contestó el atónito chofer.

—No, mi querido amigo, no me estoy burlando de usted. Admiro la manera como se mantiene sereno en medio del tráfico pesado.

—¿Ah, sí? ¡No me diga! —dijo el chofer y se fue.

—¿Qué significa todo eso? —pregunté.

—Estoy tratando de traer de vuelta el amor a Nueva York —dijo— Creo que es lo único que puede salvar la ciudad.

—¿Como puede un hombre salvar a la ciudad de Nueva York?

—No es un hombre. Creo que he hecho que ese chofer tenga un día diferente. Figúrate que él haga veinte carreras. Va a ser amable en todas ellas, porque alguien fue amable con él. Esos pasajeros serán a la vez más amables con sus empleados o comerciantes o meseros o incluso con sus propias familias. Con el tiempo, la buena voluntad podría extenderse a por lo menos mil personas. Ahora eso no es malo,

¿verdad?

—Pero, ¿estás dependiendo de ese chofer de taxi para comunicar tu buena voluntad a otros?

—No dependo de eso —dijo mi amigo—. Soy consciente de que mi sistema no es infalible, por tanto podría tratar con diez diferentes personas hoy día. Si de diez puedo hacer felices a tres, entonces con el tiempo puedo influir indirectamente en las actitudes de tres mil más.

—Suena bien en el papel —admití— pero no estoy seguro de que resulte en la práctica.

—No se pierde nada si no da resultado. No me ha quitado nada de mi tiempo decirle a ese hombre que hizo un buen trabajo. Ni recibió mayor o menor propina. Si cayó en oídos sordos, ¿qué importa? Mañana habrá otro chofer de taxi a quien pueda tratar de hacer feliz.

—Eres un chiflado —dije.

—Eso muestra cuán cínico has llegado a ser. He hecho un estudio de esto. Además del dinero, por supuesto, lo que parece que más falta hace en nuestros empleados postales es que nadie les dice qué gran trabajo están desempeñando.

—Pero ellos no están haciendo un gran trabajo.

—No lo están haciendo debido a que sienten que a nadie le importa si lo hacen bien o mal. ¿Por qué no debería alguien decirles una palabra amable?

Pasábamos por una estructura en construcción, en la que había cinco obreros apurando su almuerzo. Mi amigo se detuvo.

—Es un magnífico trabajo el que han hecho. Debe ser difícil y peligroso —les dijo mi amigo deteniéndose.

Los obreros lo miraron sospechosamente.

—¿Para cuándo estará terminado?

—Para junio —gruñó uno de los hombres.

—¡Caramba! —dijo de nuevo— es digno de admiración. Todos deben estar muy orgullosos.

—No había visto a nadie como tú desde *El hombre de la Mancha* —le dije mientras continuábamos caminando.

—Cuando esos hombres digieran mis palabras se sentirán mejor por haberlas escuchado. De alguna manera la ciudad se beneficiará de su felicidad.

—¡Pero no puedes hacer todo eso solo! —protesté— Tú eres un solo hombre.

—Lo más importante es no desanimarse. Hacer que la gente de la ciudad sea nuevamente bondadosa no es una tarea fácil, pero puedo conseguir el apoyo de otros en mi campaña...

—Es como si le guiñaras el ojo a una insignificante mujer —dije.

—Sí, entiendo —replicó—. Y si ella es una maestra escolar, su clase tendrá un fantástico día.

Art Buchwald

Un simple gesto

Todo el mundo puede ser grande... porque cualquiera puede servir. No tienes que tener un título universitario para servir. No tienes que hacer que tu sujeto y verbo se pongan de acuerdo para servir. Sólo necesitas un corazón lleno de gracia. Un corazón motivado por el amor.

Martin Luther King, hijo.

Un día Mark caminaba a casa desde la escuela, cuando notó que el muchacho que iba delante tropezó y tiró todos los libros que cargaba, junto con dos sacos de lana, un bate de béisbol, un guante y una pequeña grabadora. Mark se arrodilló y ayudó al muchacho a recoger todos los artículos que estaban regados. Puesto que iba por el mismo camino, le ayudó a llevar parte de la carga. Mientras caminaban, Mark descubrió que el chico se llamaba Bill; que le encantaban los juegos de video, el béisbol y la historia; que tenía muchos problemas con las demás materias; y que hacía poco tiempo había terminado con su novia.

La casa a la que llegaron primero fue la de Bill, y este invitó a Mark a tomar un refresco y a mirar un poco de televisión. La tarde transcurrió placenteramente, rieron y conversaron un poco, y después Mark se fue a casa. Continuaron viéndose en la escuela, y almorzaban juntos de vez en cuando. Luego terminaron el ciclo básico. Finalizaron en el mismo colegio de secundaria, en el que habían tenido breves contactos a través de los años. Entonces llegó el tan esperado último año, y tres semanas antes del grado, Bill preguntó a Mark si podían conversar.

Bill le recordó el día en que se habían conocido, hacía algunos años.

—¿No te has preguntado por qué yo llevaba tantas cosas a casa ese día? —preguntó Bill—. Como ves, limpié mi «locker» porque no quería dejar ese desorden a otro. Había escondido algunas pastillas de dormir de mi madre, e iba a casa a suicidarme. Pero después de pasar algún tiempo juntos hablando y riendo, me di cuenta de que si me hubiera suicidado hubiera perdido esos momentos, igual que muchos otros que tendría en el futuro. Como ves Mark, cuando recogiste mis libros ese día hiciste mucho más. Salvaste mi vida.

John W. Schlatter

La sonrisa

Sonríe a todos, sonríe a tu esposa, sonríe a tu marido, sonríe a tus hijos, sonríe a otros —sin importar quién sea—y eso te ayudará a desarrollar mayor amor para cada uno.

Madre Teresa

Muchos están familiarizados con *El Principito*, un maravilloso libro de Antoine de Saint-Exupéry. Es un fabuloso y enigmático libro que se puede tomar como una historia para niños, pero también como una fábula muy significativa para adultos. Pocos conocen otros escritos, novelas e historias cortas de Saint Exupéry.

Él fue un piloto de combate que luchó contra los nazis y murió en acción. Antes de la Segunda Guerra Mundial combatió en la Guerra Civil Española contra los fascistas. Escribió una historia fascinante, basada en esa experiencia que se tituló *La Sonrisa (Le Sourire)*. Esta es la historia que me gustaría narrarte. No está claro si es autobiografía o ficción. Escojo creer que fue lo primero.

Cuenta que fue capturado por el enemigo, y arrojado en la celda de una prisión. En vista del rudo trato que recibía, y de la manera en que lo miraban, estaba seguro de que sería ejecutado al día siguiente. De aquí en adelante te contaré la historia tal como la recuerdo, en mis propias palabras.

«Estaba seguro de que iba a morir. Estaba terriblemente nervioso y angustiado. Urgué mis bolsillos en busca de algún cigarrillo que hubiera escapado al cateo. Encontré uno, y debido a que me temblaban las manos, difícilmente pude ponerlo en los labios. Pero no tenía fósforos ya que me los habían quitado.

»Miré al vigilante a través de los barrotes de la prisión. Él no hizo contacto visual alguno conmigo. Después de todo, tú no miras a una cosa, a un cadáver. Lo llamé: "¿Tiene un fósforo, *por favor?* " Me miró, encogió los hombros, y me encendió el cigarrillo.

»Cuando se acercó y prendió el fósforo, inadvertidamente su mirada se encontró con la mía. En ese momento le sonreí. No sé por qué, pero lo hice. Quizás estaba nervioso; quizás fue porque, cuando estás muy cerca de otro, es difícil no sonreír. En todo caso, le sonreí. En ese instante fue como si una chispa se hubiera encendido en nuestros corazones, en nuestras almas humanas. Sé que él no lo quería, pero mi sonrisa atravesó las barras de la prisión, y generó también una sonrisa en sus labios. Encendió mi cigarrillo, pero permaneció cerca mirándome directamente a los ojos, y continuó sonriéndome.

»Mantuve la sonrisa, viéndolo ahora como a una persona, y no como a un carcelero. Su mirada parecía tener también una nueva dimensión hacia mí. "¿Tiene hijos?", me preguntó.

»"Sí, aquí, aquí". Saqué mi cartera, y nerviosamente busqué las fotografías de mi familia. Él también sacó las fotografías de sus hijos, y comenzó a hablar de sus planes y esperanzas para ellos. Mis ojos se llenaron de lágrimas. Le dije que temía que nunca vería de nuevo a mi familia. No tendría la oportunidad de verlos crecer. Las lágrimas llenaron también sus ojos.

»De repente, sin decir una palabra, abrió la puerta de mi celda, y en silencio me sacó de ella; sigilosamente, y por calles desoladas me sacó de la ciudad. Una vez allí, en los linderos, me liberó. Y sin decir ninguna palabra regresó a la ciudad.

»Una sonrisa salvó mi vida».

Sí, la sonrisa, la conexión natural, impasible y sin planificación entre las personas. Cuento esta historia en mi trabajo porque me gustaría que los individuos consideraran que bajo todas las capas que construimos para protegernos, para proteger nuestra dignidad, nuestros títulos, nuestros grados, nuestra condición y nuestra necesidad de ser vistos en cierta forma, bajo todo eso permanece el auténtico y esencial yo. No tengo temor de llamarlo *el alma*. Verdaderamente creo que si esa parte de ti y de mí se pudieran reconocer la una a la otra, no seríamos enemigos. No podríamos sentir odio, envidia ni temor. Tristemente concluyo que todas esas capas que construimos tan cuidadosamente a lo largo de nuestras vidas, nos separan y aíslan del contacto verdadero con los demás. La historia de Saint Exupéry habla del momento mágico en que dos almas se reconocen mutuamente.

He tenido sólo unos pocos momentos como ese. Enamorarse es un ejemplo. Y mirar a un niño. ¿Por qué sonreímos al ver a un niño? Tal vez porque en él vemos a alguien sin ninguna capa defensiva que lo proteja, a alguien de quien sabemos que su sonrisa para nosotros es totalmente franca y sin engaño. Y el alma del niño que hay en nuestro interior sonríe con añoranza reconociéndolo.

Hanoch McCarty

Amy Graham

Después de volar toda la noche desde Washington D.C. estaba cansado cuando llegué a la Iglesia Mile High en Denver, Colorado, para dirigir tres cultos, y dictar un taller sobre la conciencia de la prosperidad.

—¿Sabes algo acerca de la Fundación *Pide un deseo?* —me preguntó el doctor Vogt cuando entré a la iglesia.

—Sí —repliqué.

—Bien, a Amy Graham le diagnosticaron leucemia terminal. Le dieron tres días. Su último deseo fue asistir a nuestros cultos.

Estaba impresionado. Sentí una combinación de euforia, temor y duda. No podía creerlo. Pensaba que los niños que iban a morir querían ir a Disneylandia, conocer a Silvester Stallone, a Mr. «T» o a Arnold Schwartzeneger. Seguramente no querrían pasar sus últimos días escuchando a Mark Victor Hansen. ¿Por qué una muchacha con sólo unos pocos días de vida querría escuchar a un orador motivacional? Mis pensamientos se interrumpieron abruptamente...

—Aquí está Amy —dijo Vogt mientras colocaba su débil mano en la mía.

Ante mí estaba una muchacha de sólo diecisiete años, que usaba un brillante turbante rojo y anaranjado que cubría su cabeza, que había perdido el cabello por los tratamientos de quimioterapia. Su delicado cuerpo estaba doblado y debilitado.

—Mis dos metas eran graduarme en secundaria y asistir a su sermón —dijo—. Mis médicos no creían que pudiera cumplir ninguna de ellas. No pensaban que tendría fuerza suficiente. Me dieron de alta para que me cuidaran mis padres... estos son papá y mamá».

Las lágrimas inundaron mis ojos; estaba realmente conmovido. Tambaleaba mi equilibrio. Estaba totalmente enternecido.

—Tú y tus padres son nuestros invitados —dije sonriendo después de aclarar un poco la garganta—. Gracias por querer venir.

Nos abrazamos, secamos las lágrimas y nos separamos.

He asistido a muchos seminarios sobre sanidad en los Estados Unidos, Canadá, Malasia, Nueva Zelandia y Australia. He observado a los mejores sanadores en acción, y he estudiado, investigado, escuchado, examinado y cuestionado qué da resultados, cómo y por qué.

Ese domingo por la tarde tuve un seminario al que Amy y sus padres asistieron. El auditorio estaba lleno hasta más allá de su capacidad, con más de mil asistentes ansiosos de aprender, crecer y llegar a ser más humanos.

Humildemente pregunté a la audiencia si querían aprender acerca de un proceso de sanidad que podría servirles para toda la vida. Desde la plataforma me pareció que las manos de todos se levantaron. Unánimemente todos querían aprender.

Enseñé a los integrantes de la audiencia cómo debían frotar sus manos vigorosamente, separarlas más o menos dos pulgadas y sentir la energía curativa. Después les pedí que formaran parejas para que sintieran la energía curativa que emanaba de ellos mismos hacia otros.

—Si necesitan sanidad, acéptenla aquí y ahora —les dije.

La audiencia trabajó ansiosamente, lo que produjo un sentimiento de éxtasis. Expliqué que cada uno de nosotros tiene energía y potencial de sanidad. Brota tan dramáticamente de nuestras manos al cinco por ciento de nosotros, que podríamos hacer de esto una profesión.

—Esta mañana me presentaron a Amy Graham de diecisiete años de edad —dije— cuyo último deseo fue estar en este seminario. Quiero traerla a la plataforma, y dejar que ustedes le envíen la energía sanadora de la fuerza de la vida. Quizás podamos ayudarla. Ella no lo ha pedido, lo estoy haciendo espontáneamente porque pienso que es lo que debo hacer.

—¡Sí! ¡Sí! ¡Sí! ¡Sí! —gritaba la audiencia.

El padre de Amy la llevó hasta la plataforma. Estaba muy débil debido a la quimioterapia, a estar acostada por mucho tiempo, y a la falta absoluta de ejercicio (los médicos no le permitieron caminar durante las dos últimas semanas antes de este seminario).

Pedí al grupo que se frotaran las manos y enviaran hacia ella la energía curativa, luego de lo cual le dieron una emotiva ovación.

Dos semanas después me llamó para decirme que su médico la había dado de alta, después de una completa remisión. Dos años más tarde me llamó para decirme que se había casado.

Aprendí que jamás debemos menospreciar el poder sanador que todos tenemos. Siempre está allí para que lo utilicemos para el más alto bien. Sólo tenemos que recordar usarlo.

Mark V. Hansen

Una historia para el día de San Valentín

Larry y Jo Ann eran una pareja común y corriente. Vivían en una casa común y corriente, situada en una calle común y corriente. Como cualquier otra pareja común y corriente luchaban para alcanzar sus fines, y hacer lo correcto para sus hijos.

Eran también comunes y corrientes de otra manera: tenían riñas constantes. La mayor parte de su conversación era referente a lo que marchaba mal en su matrimonio, y a quién era el culpable.

Entonces un día tuvo lugar un evento extraordinario.

—Tú sabes, Jo Ann, que tengo una mágica cómoda con gavetas. Cada vez que abro una gaveta está llena de calcetines y de ropa interior —dijo Larry—. Quiero agradecerte por llenarla todos estos años.

—¿Qué quieres Larry? —preguntó Jo Ann contemplando a su esposo por encima de la moldura de los lentes.

—Nada. Sólo quiero que sepas que aprecio esos cajones mágicos.

Esta era la primera vez que Larry había hecho algo fuera de lo común, así que Jo Ann borró el incidente de su mente hasta unos días más tarde.

—Jo Ann, gracias por preocuparte de escribir bien los

números de cheques en la chequera este mes. Lo has hecho bien quince de dieciséis veces. Es un récord.

Incrédula acerca de lo que había escuchado, Jo Ann lo miró desde su sitio donde cosía.

—Larry, siempre te estás quejando de que no escribo bien el número de los cheques. ¿Por qué no te quejas ahora?

—No hay razón alguna. Sólo quiero que sepas que aprecio el esfuerzo que haces.

Jo Ann sacudió la cabeza, y continuó cosiendo.

—¿Qué será lo que le pasa? —murmuró para sí misma.

Sin embargo, al día siguiente, cuando Jo Ann hizo un cheque para la tienda de comestibles, se aseguró de que hubiera escrito el número correcto.

—¿Por qué me preocupo de pronto por esos estúpidos números de cheques? —se preguntó.

Intentó olvidar el incidente, pero la extraña conducta de Larry se intensificó.

—Jo Ann, ¡qué cena tan maravillosa! —dijo una noche. Agradezco todo tu esfuerzo. Porque en los últimos quince años apuesto a que por lo menos has preparado catorce mil cenas para los niños y para mí.

Luego:

—¡Caramba Jo Ann, la casa luce sensacional. Has trabajado realmente mucho para mantenerla tan linda.

Y aun otra vez:

—Gracias Jo Ann por ser como eres. Disfruto verdaderamente de tu compañía.

La preocupación de Jo Ann iba cada vez en aumento.

—¿Dónde están el sarcasmo y la crítica? —se preguntaba.

Los temores de que algo peculiar le sucedía a su esposo los confirmó Shelly, su hija de dieciséis años al quejarse:

—Mamá, papá está perdiendo los estribos, me dijo que estaba hermosa. A pesar de todo este maquillaje y esta ropa desaliñada, él sin embargo dijo eso. Ese no es papá. ¿Qué pasa con él?

Aunque cualquier cosa estuviera mal, Larry la pasaba por alto. Día tras día continuaba fijándose sólo en lo positivo.

Con el paso del tiempo, Jo Ann se acostumbró a la conducta extraña de su compañero, y ocasionalmente le daba un forzado «gracias». Estaba orgullosa de tomar las cosas con calma, hasta el día en que sucedió algo peculiar que la descontroló completamente:

—Quiero que tomes un descanso —dijo Larry—. Voy a lavar los platos. Así que por favor, quita las manos de esa sartén y sal de la cocina.

Después de una larguísima pausa dijo:

—Gracias Larry. ¡Muchas gracias!

La carga de Jo Ann era ahora un poco más ligera, su autoconfianza más alta, y por primera vez en mucho tiempo tarareó. Era como si su melancolía se hubiera ido.

—Prefiero la nueva conducta de Larry —pensó.

Ese sería el final de la historia, a no ser porque otro día también ocurrió algo extraordinario. Esta vez fue Jo Ann quien habló:

—Larry —dijo— quiero agradecerte por salir a trabajar, y proveer para las necesidades de la casa todo este tiempo. Pienso que nunca te he dicho cuánto lo aprecio.

Larry nunca reveló la razón de su dramático cambio de conducta, a pesar de la insistencia de Jo Ann por tener una respuesta, y probablemente este será uno de los misterios de la vida. Sin embargo, es un misterio con el que vivo muy agradecida.

Como puedes ver, yo soy Jo Ann.

Jo Ann Larsen
Desert News

¡Carpe Diem!

Alguien que permanece como un brillante ejemplo de la expresión del valor es John Keating, el transformador maestro a quien Robin Williams representó en *Dead Poets Society* (La sociedad de los poetas muertos). En esta obra maestra del cine, Keating se hace cargo de un grupo de estudiantes nerviosos y espiritualmente impotentes, sometidos a régimen en un rígido internado, y los inspira para que hagan de sus vidas algo extraordinario.

Como Keating lo señala, estos jóvenes han perdido la visión de sus sueños y ambiciones. Están viviendo automáticamente fuera de los programas paternos y de sus expectativas. Están pensando ser doctores, abogados y banqueros porque sus padres les han dicho que eso deben ser. Pero estas personas de poca visión difícilmente han pensado en lo que los corazones de los muchachos los han llamado a ser.

Una de las primeras escenas de la película muestra al señor Keating llevándolos al vestíbulo del internado, donde hay una vitrina de trofeos que muestra las fotos de anteriores clases de graduados.

—Miren esas fotografías, muchachos —les dice—. Estos jóvenes que contemplan tenían en los ojos el mismo fuego que ustedes. Planearon tomar el mundo por sorpresa y hacer algo magnífico de sus vidas. Eso fue hace setenta años. Ahora todos ellos están deshojando margaritas. ¿Cuántos vivieron realmente sus sueños? ¿Hicieron lo que se habían propuesto?

Entonces el señor Keating se inclina ante el grupo de alumnos de preparatoria y les susurra al oído:

—*¡Carpe diem!* ¡Aprovechen la ocasión!

Al principio los estudiantes no saben qué hacer con este extraño maestro. Pero pronto se dan cuenta de la importancia de sus palabras. Llegan a respetar y a venerar al profesor Keating, quien les ha dado una nueva visión, o les ha devuelto la que tenían.

Todos vamos por la vida con alguna clase de tarjeta de cumpleaños que nos gustaría dar, una expresión de alegría, creatividad o vitalidad que están escondidas bajo nuestra camisa.

Uno de los personajes de la película, Knox Overstreet, está perdidamente enamorado de una preciosa chica. El único problema es que ella es la novia de un famoso deportista. Knox está encaprichado hasta la médula de los huesos con esta adorable criatura, pero le falta confianza para acercarse a ella. Entonces recuerda el consejo del profesor Keating: *¡Aprovecha la ocasión!* Knox se da cuenta de que no puede continuar tan sólo soñando. Si la quiere, tiene que hacer algo al respecto. Y así lo hace. Atrevida y poéticamente le declara sus más sensibles sentimientos. En el proceso ella lo rechaza, el novio de ella lo golpea y tiene que enfrentarse a una vergonzosa retirada. Pero Knox no quiere abandonar su sueño, así que insiste en el deseo de su corazón. Finalmente ella siente la sinceridad de su cariño, y le abre su corazón. Aunque no es especialmente guapo ni popular, el poder de su sincera intención gana a la chica. Él vivió una vida extraordinaria.

Tuve una oportunidad de practicar el aprovechamiento de la ocasión en mí mismo. Me encapriché en conquistar a una muchacha simpática que conocí en una tienda de mascotas. Ella era menor que yo, vivía de manera diferente, y no teníamos mucho de qué hablar. Pero de alguna manera nada de esto parecía importar. Disfrutaba con ella, y sentía una gran emoción cuando estaba en su presencia. Parecía que ella también disfrutaba de mi compañía.

Cuando supe que se acercaba la fecha de su cumpleaños decidí pedirle que saliéramos. En el momento de llamarla, me senté y miré el teléfono por casi media hora. Luego marqué su número, y colgué antes de que timbrara. Me sentí como un adolescente, vacilando entre la emoción anticipada y el temor del rechazo. Un voz del infierno me decía todo el tiempo que yo no le gustaba, y que tenía mucho miedo de pedirle que saliera conmigo. Me sentía demasiado entusiasmado de estar con ella, como para permitir que esos temores me detuvieran. Finalmente tuve el valor de hablarle. Ella agradeció y me dijo que ya tenía otros planes.

Me sentí derrotado. La misma voz que me dijo que no llamara, me aconsejó renunciar antes de sentirme más avergonzado. Pero yo tenía la intención de ver por qué sentía esa atracción. Había más de mí que quería salir. Tenía sentimientos hacia ella, y debía expresarlos.

Fui al centro comercial y compré una preciosa tarjeta de cumpleaños en la que escribí una nota poética. Estuve dando vueltas en la esquina del almacén de mascotas en el que ella trabajaba. Cuando me aproximaba a la puerta, la misma voz perturbadora me advirtió: «¿Qué pasaría si tú no le gustas? ¿Si te rechaza?» Sintiéndome vulnerable escondí la tarjeta bajo mi camisa. Decidí que se la daría si me mostraba señales de afecto; si era demasiado fría conmigo la dejaría escondida. De esta manera no correría riesgo alguno, y evitaría el rechazo o la turbación.

Conversamos un momento, y no vi ninguna señal de una u otra forma. Me sentí incómodo, y empecé mi retirada.

Sin embargo, cuando llegaba a la puerta otra voz me habló. Fue como un murmullo, no muy diferente de la voz del señor Keating.

—Recuerda Knox Overstreet... *¡Carpe Diem!*

Heme aquí, enfrentado con mi aspiración de expresar en forma plena mi corazón, y mi resistencia de afrontar la inseguridad de la desnudez emocional. Me pregunté: ¿Cómo puedo ir por allí diciendo a los demás que vivan su visión, cuando yo no puedo vivir la mía propia? Además, ¿qué es lo peor que me podría suceder? Cualquier mujer estaría encantada de recibir una tarjeta poética de cumpleaños. Decidí aprovechar el momento. Cuando tomé esa decisión sentí una oleada de valor que me corría por las venas. En verdad había poder en la intención.

Me sentí más satisfecho y en paz conmigo mismo que lo que había estado en mucho tiempo... debía aprender a abrir el corazón, y a dar amor sin pedir nada a cambio.

Saqué la tarjeta debajo de la camisa, regresé, me dirigí al mostrador, y se la di. Mientras lo hacía, sentía un increíble alivio y emoción... y temor (Fritz Pearl dice que el temor es la «emoción sin respiración»). Pero lo hice.

Y, ¿sabes qué sucedió? Ella sencillamente no se impresionó.

—Gracias —dijo, y colocó la tarjeta a un lado sin abrirla siquiera. Mi corazón dio un brinco. Me sentí desilusionado y rechazado. No tener respuesta me pareció peor que un rechazo directo.

Le ofrecí un cortés adiós, y salí del almacén. Entonces

sucedió algo sorprendente. Comencé a sentirme lleno de júbilo. Una corriente inmensa de satisfacción interna circuló dentro de mí, y subió en oleadas por todo mi ser. ¡Había expresado mis sentimientos, y eso era fantástico! Me había extendido más allá del temor, y había ido al salón de baile. Sí, había sido un poco torpe, pero lo hice (Emmet Fox dijo: «Hazlo temblando si debes, ¡pero hazlo!»). Había expresado mis sentimientos sin garantía de los resultados. No di para recibir algo a cambio. Le abrí mis sentimientos sin depender de una respuesta.

La dinámica que se requiere para hacer funcionar cualquier relación es: Poner tu amor en ella.

Mi júbilo se profundizó hasta convertirse en una agradable felicidad. Me sentí más satisfecho y en paz conmigo mismo, de lo que había estado en mucho tiempo. Me di cuenta del propósito de toda la experiencia: debía aprender a abrir mi corazón, y a dar amor sin esperar nada a cambio. Esta experiencia no sirvió para tener una relación con esta mujer. Fue para profundizar mi relación conmigo mismo. Y eso sucedió. El señor Keating hubiera estado orgulloso. Pero mejor aun, yo estaba orgulloso.

No he visto mucho a la chica desde entonces, pero esa experiencia cambió mi vida. A través de esa simple interacción vi claramente la dinámica que se requiere para hacer que cualquier relación funcione, y tal vez que todo el mundo funcione: *Sólo pon tu amor allí.*

Creemos que nos duele cuando no recibimos amor, pero eso no es lo que nos hiere. Nuestro dolor viene cuando no *damos* amor. Nacimos para amar. Tú podrías decir que somos máquinas divinamente creadas para amar. Funcionamos más poderosamente cuando damos amor. El mundo nos ha llevado a creer que nuestro bienestar depende de que los demás nos amen. Pero esta clase de trastorno de pensamiento ha causado la mayoría de nuestros problemas. La verdad es que nuestro bienestar depende de nuestro *dar* amor. No tiene que ver con lo que regresa a nosotros, ¡sino con lo que *sale* de nosotros!

Alan Cohen

¡Te conozco, eres como yo!

Stan Dale es uno de nuestros más cercanos amigos. Dicta un seminario sobre amor y relaciones llamado Sexo, Amor, e Intimidad. Hace varios años, en un esfuerzo para aprender cómo es realmente la gente de la antigua Unión Soviética, tomó a veintinueve personas de esta nación por dos semanas. Cuando nos escribió acerca de sus experiencias, quedamos muy conmovidos por la siguiente anécdota:

Mientras caminaba por un parque de la ciudad industrial de Kharkov, me acerqué a un anciano ruso veterano de la Segunda Guerra Mundial. Ellos se identifican fácilmente por las medallas y cintas que aun ostentan orgullosos sobre las camisas y abrigos. Esto no es un acto de egoísmo. Es la manera en que su país honra a quienes ayudaron a salvar a Rusia, aun cuando veinte millones de rusos fueron asesinados por los nazis. Me acerqué a este anciano que estaba sentado con su esposa.

—Droozhba, emir (amistad y paz) —le dije.

Mirándome incrédulo, el hombre tomó el botón que habíamos hecho para el viaje en el que se leía «amistad» en ruso, y que mostraba los mapas de los Estados Unidos y la Unión Soviética sostenidos por cariñosas manos.

—¿Americanski? —dijo.

—Da, Americanski. Droozhba, emir —contesté.

Tomó mis manos juntándolas como si fuéramos hermanos perdidos hace mucho tiempo.

—¡Americanski! —repitió.

Esta vez hubo reconocimiento y amor en su declaración.

En los minutos que siguieron, él y su esposa hablaron en ruso como si yo entendiera cada palabra, y yo hablé en inglés como si ellos me entendieran. ¿Saben qué? Ninguno de nosotros entendió una palabra, pero con toda seguridad nos entendimos. Nos abrazamos, reímos y lloramos mientras decíamos:

—Droozhba, emir, Americanski.

—Los amamos, y estoy orgulloso de estar en su país, no queremos guerra. *¡Los amamos!*

Cerca de cinco minutos después nos despedimos, y los siete que formábamos nuestro pequeño grupo seguimos caminando. Más o menos quince minutos después, estando ya a considerable distancia, este viejo veterano nos alcanzó. Llegó hasta mí, se quitó su medalla de la Orden de Lenín (probablemente su más preciada posesión) y la prendió en mi chaqueta.

Entonces me besó en los labios y me dio uno de los más cálidos y cariñosos abrazos que jamás haya recibido. Después lloramos, nos miramos a los ojos por largo tiempo y dijimos:

—Dossvedanya (adiós).

La historia anterior es el símbolo de todo nuestro viaje «Diplomacia de los Ciudadanos» a la Unión Soviética. Cada día conocimos y tocamos a centenares de personas en todos los posibles e imposibles lugares. Ni los rusos ni nosotros volvimos a ser los mismos. Hay ahora cientos de niños estudiantes de las tres escuelas que visitamos, que ya no piensan de los estadounidenses como la gente que quiere «bombardearlos». Bailamos, cantamos y jugamos con niños de todas la edades, y luego los abrazamos, los besamos y les dimos regalos. Ellos nos dieron flores, pasteles, botones, pinturas, muñecas, y lo más importante de todo: sus corazones y mentes abiertos.

Más de una vez se nos invitó a participar en fiestas de bodas, y a ningún miembro biológico de familia se pudo haber recibido, saludado y festejado más cálidamente que a nosotros. Nos abrazamos, besamos, bailamos y bebimos champaña, licor alemán y vodka, con la novia y con el novio, así como también con mamá, papá y el resto de la familia.

Siete familias rusas nos hospedaron en Kursk, y voluntariamente nos llevaron a una maravillosa noche de comida, bebida y charla. Cuatro horas más tarde ninguno de nosotros se quería ir. Nuestro grupo tiene ahora una nueva familia completa en Rusia.

La noche siguiente festejamos a «nuestra familia» en el hotel. La banda tocó casi hasta la medianoche, y ¿saben qué? Una vez más comimos, bebimos, hablamos, bailamos y lloramos cuando llegó el momento de despedirnos. Bailamos cada pieza como si fuéramos amantes apasionados, que es exactamente lo que éramos.

Podría continuar hablando de nuestras experiencias, y todavía no habría manera de explicarles exactamente cómo nos sentíamos. ¿Cómo se sentirían al llegar a su hotel en Moscú, y encontrar allí un mensaje en ruso proveniente de la oficina de Mikhail Gorvachev en el que les dijera que lamentaba no haber podido reunirse con ustedes el fin de semana debido a que estaba fuera de la ciudad, pero que en vez de eso había hecho arreglos para que su grupo se reuniera por dos horas en mesa redonda con media docena de miembros del Comité Central? Tuvimos una discusión extremadamente franca sobre todo tópico, incluyendo sexo.

¿Cómo se sentirían si más de una docena de damas de edad, usando babushkas, bajaran de sus apartamentos en los edificios vecinos, y los besaran y abrazaran? ¿Cómo se sentirían cuando sus guías Tanya y Natasha les dijeran que nunca habían visto a nadie como ustedes? Cuando partimos, todos los treinta lloramos porque nos habíamos enamorado de estas fabulosas mujeres, y ellas de nosotros. Sí, ¿cómo se sentirían? Probablemente como nosotros.

Por supuesto, cada uno de nosotros ha tenido su propia experiencia, pero la experiencia colectiva muestra algo cierto: La única manera de asegurar la paz en este planeta es adoptar a todo el mundo como «nuestra familia». Vamos a tener que abrazarlos y besarlos. Y bailar y jugar con ellos. Y vamos a tener que sentarnos, conversar, caminar y llorar con ellos. Porque cuando lo hacemos, podremos ver que en verdad cada uno es hermoso, y todos nos complementamos unos a otros tan maravillosamente que cada uno sería más pobre sin el otro. Entonces el refrán: «Te conozco, ¡eres como yo!» tendrá un gigantesco significado de: «¡Esta es "mi familia", y permaneceré a su lado sin importar qué suceda!»

Stan Dale

La más tierna necesidad

Por lo menos una vez al día nuestro viejo gato negro se nos acerca de una manera que todos hemos llegado a ver como una petición especial. No significa que quiera comida, salir o algo por el estilo. Su necesidad es de algo muy diferente.

Si le haces una seña con la mano, él saltará; y si no, permanecerá parado pacientemente esperando tu señal. Una vez que lo ha conseguido, empezará a vibrar hasta que toques su lomo, le rasques su barbilla, y le digas una y otra vez qué tan buen gatito es. Entonces su motor realmente se enciende, se acomoda cómodamente y «concede ovaciones». De tiempo en tiempo uno de sus ronroneos sale de control, y se convierte en un resoplido. Te mira con sus grandes ojos abiertos llenos de adoración, y te da un lento guiño de confianza máxima.

Después de un rato, poco a poco se silencia. Si percibe que todo está bien puede permanecer en tu regazo para tomar una agradable siesta. Pero probablemente está listo a saltar e irse a hacer sus asuntos. De una o de otra manera está bien.

Nuestra hija lo dice sencillamente: «Blackie necesita caricias para ronronear».

En nuestra familia él no es el único con esa necesidad: yo la tengo, y también mi esposa. Sabemos que la necesidad no es exclusiva de ninguna edad. Sin embargo, debido a que soy maestro tanto como padre, asocio esto especialmente con los jóvenes, con su rápida e impulsiva necesidad de un abrazo, de un cálido regazo, de una mano amiga, de ser arropado con un cobertor, no porque algo esté mal, no porque se tenga que hacer algo, sino porque así es como ellos son.

Hay muchas cosas que me gustaría hacer por todos los niños. Si pudiera haría sólo una, y sería esta: garantizar a cada uno en todas partes por lo menos una buena caricia cada día.

Los niños, al igual que los gatos, necesitan caricias para ronronear.

Fred T. Wilhelms

Bopsy

La madre de veintiséis años de edad miraba fijamente a su hijo que agonizaba de leucemia terminal. Aun cuando el corazón estaba lleno de tristeza, tenía también un fuerte sentimiento de determinación. Como cualquier madre, ella quería que su hijo creciera y cumpliera todos sus sueños. Ahora eso no sería posible. La leucemia tendría la culpa. Pero ella todavía quería que los sueños de su hijo se hicieran realidad.

—¿Pensaste alguna vez en lo que quisieras ser cuando crezcas? ¿Soñaste y deseaste alguna vez lo que harías con tu vida? —le preguntó mientras lo tomaba de la mano.

—Mami, siempre quise ser bombero cuando fuera grande.

—Veamos si podemos hacer que tu deseo se realice —le dijo mientras sonreía.

Más tarde fue a la estación local de bomberos en Phoenix, Arizona, donde conoció a Bob, quien tenía un corazón del tamaño de la ciudad. Le explicó el último deseo de su hijo, y le preguntó si sería posible darle un viaje alrededor de la manzana en una motobomba.

—Mire, podemos hacer algo mejor que eso —dijo el bombero—. Si tiene listo a su hijo el miércoles por la mañana a las siete en punto, lo haremos un bombero honorario todo el día. Puede venir a la estación, comer con nosotros, ¡ir a todas las llamadas de incendio de las nueve estaciones de bomberos! Y si nos da sus medidas, le haremos un uniforme de bombero, con un real sombrero de bombero —no de juguete— con el emblema del departamento de bomberos de Phoenix en él, un impermeable amarillo como el que usamos, y botas de caucho. Todo se fabrica aquí en Phoenix, así que podemos conseguirlo rápidamente.

Tres días después, el bombero Bob recogió a Bopsy, lo vistió con su uniforme de bombero y lo acompañó desde su cama de hospital hasta el carro de bomberos que los esperaba afuera. Bopsy se sentó en la parte trasera, y dirigió el regreso a la estación. Estaba en la gloria.

Ese día hubo tres alarmas de fuego en Phoenix, y Bopsy fue a todas ellas. Montó en diferentes motobombas, en la ambulancia de los paramédicos, y hasta en el auto del jefe de bomberos. La televisión local también lo filmó para el noticiero de la tarde.

El haber cumplido su sueño con todo el amor y la atención que le prodigaron conmovió tan profundamente a Bopsy, que vivió tres meses más de lo que cualquier médico pensó que sería posible.

Una noche todas sus señales vitales comenzaron a disminuir dramáticamente, y la jefa de enfermeras —que creía en la idea de que nadie debía morir solo— llamó a todos los miembros de la familia al hospital. Luego recordó el día que Bopsy había pasado como bombero, así que llamó al jefe de bomberos y le preguntó si sería posible que enviara al hospital a un bombero uniformado para que estuviera con Bopsy mientras moría.

—Podemos hacer algo mejor que eso —replicó el jefe—. Estaremos allí en cinco minutos. ¿Me puede hacer un favor? Cuando escuche el sonido de la sirena y vea las luces centelleando, ¿podría anunciar por el sistema de altoparlantes que no se trata de un incendio, y que es sólo el departamento de bomberos viniendo a ver una vez más al mejor de sus hombres? ¿Y podría abrir la ventana de su cuarto? Gracias.

Cerca de cinco minutos después, una motobomba llegó al hospital, extendió la escalera hasta la ventana abierta de Bopsy en el tercer piso, y catorce bomberos y dos bomberas treparon la escalera hasta el cuarto de Bopsy. Con el permiso de su madre lo abrazaron, lo tuvieron en sus brazos y le dijeron cuánto lo amaban.

—Jefe, ¿soy ahora un verdadero bombero? —preguntó Bopsy con su último aliento.

—Por supuesto que lo eres, Bopsy —respondió el jefe.

Con estas palabras, Bopsy sonrió y cerró los ojos por última vez.

Jack Canfield y Mark V. Hansen

Cachorros para la venta

El dueño de una tienda estaba clavando un letrero sobre la puerta que decía «Cachorros para la venta». Letreros como ese atraen a los niños, y tan es así que un niñito apareció bajo el letrero.

—¿Cuánto cuestan los cachorros? —preguntó.

—Entre treinta y cincuenta dólares —replicó el dueño.

El niño buscó en sus bolsillos y sacó unas monedas.

—Tengo $2.37 —dijo—. ¿Puedo verlos, por favor?

El dueño sonrió y dio un silbido, y de la perrera salió Lady, quien corrió por el pasillo de la tienda seguida de cinco diminutas bolas plateadas de pelaje. Uno de los cachorros se retrasaba considerablemente detrás de los demás.

—¿Qué pasa con ese perrito? —dijo el niño señalando al cachorro que cojeaba rezagado.

El dueño de la tienda le explicó que el veterinario lo había examinado, y había descubierto que no tenía la cavidad del hueso de la cadera. Siempre sería cojo. El niño se emocionó.

—Ese es el cachorro que quiero comprar.

—No tienes que comprar ese perrito —le dijo el dueño de la tienda—. Si realmente lo quieres te lo daré.

El niño se molestó un poco. Miró directamente a los ojos del dueño de la tienda, y señalándolo con el dedo dijo:

—No quiero que me lo regale. Ese perrito vale tanto como los demás, y pagaré todo su valor. En efecto, le daré $2.37 ahora, y cincuenta centavos mensuales hasta que lo haya pagado completamente.

—No creo que quieras comprar ese perrito —replicó el dueño—. Nunca va a poder correr ni jugar ni saltar contigo como los demás cachorros.

En ese momento, el pequeño se agachó y arremangó su pantalón para mostrar una pierna malamente lisiada, retorcida y sujeta por una gran abrazadera de metal.

—¡Bien —replicó suavemente el niño mirando al dueño de la tienda— yo tampoco corro muy bien, y el cachorrito necesitará a alguien que lo entienda!

Dan Clark
Weathearing the Storm

2

SOBRE EL APRENDER A AMARTE

Oliver Wendell Holmes asistió una vez a una reunión en la que era el hombre más pequeño.

—Doctor Holmes —se mofó un amigo—. Debo pensar que se sentirá pequeño entre nosotros, todos hombres grandes.

—Así es —contestó Holmes—. Me siento como una moneda de diez centavos en medio de un motón de centavos (en Estados Unidos la moneda de diez centavos es más pequeña que la de un centavo).

El Buda de oro

Y ahora, he aquí mi secreto, un secreto muy sencillo:
es sólo con el corazón que uno puede ver correcta-
mente, lo esencial es invisible para el ojo.

Antoine de Saint-Exupéry

En el otoño de 1988, mi esposa Georgia y yo estábamos invitados a dictar una charla sobre autoestima y máximo rendimiento, en una conferencia en Hong Kong. Puesto que nunca habíamos estado en el Lejano Oriente, decidimos prolongar nuestro viaje y visitar Tailandia.

Cuando llegamos a Bangkok tomamos un tour para visitar los más famosos templos budistas de la ciudad. Juntamente con nuestro intérprete y chofer, Georgia y yo visitamos numerosos templos budistas ese día, pero después de un tiempo se borraron de nuestra memoria.

Sin embargo, hubo un templo que dejó una huella indeleble en nuestras mentes y corazones. Se llamaba el Templo del Buda de Oro. El templo en sí es muy pequeño, probablemente no más grande que diez por diez metros. Pero cuando entramos nos sorprendió la presencia de un sólido Buda de oro de tres metros de alto. ¡Su peso era de dos toneladas y media, y estaba avaluado en ciento noventa y seis millones de dólares! Era una vista impresionante... el amable, gentil y sin embargo imponente Buda de oro sólido nos sonreía.

Mientras nos dedicábamos a las tareas normales del turismo (tomar fotografías mientras lanzábamos exclamaciones de asombro ante la vista de la estatua), tropecé con una caja de cristal que contenía un gran pedazo de arcilla de veinte centímetros de grueso por treinta centímetros de ancho. Junto a la urna de cristal había una hoja escrita que describía la historia de esta magnífica obra de arte.

En 1957 un grupo de monjes de un monasterio tuvo que mover a un Buda de arcilla de su templo, hasta un nuevo local. El monasterio iba a cambiar de sitio para dar lugar a la construcción de una supercarretera que atravesaba Bangkok. Cuando la grúa comenzó a levantar al gigantesco ídolo, el peso era tan grande que se empezó a resquebrajar. Para empeorar las cosas, comenzó a llover. El jefe de los monjes, que era consciente del daño que podía sufrir el sagrado Buda, decidió bajar la estatua al suelo y cubrirla con una gran lona, a fin de protegerla de la lluvia.

Esa noche el monje fue a examinar al Buda. Introdujo una linterna debajo de la lona para ver si la estatua estaba seca. Cuando la luz llegó a las hendiduras de la arcilla, notó que de ellas salía un pequeño resplandor, y pensó que era extraño. Mirando más de cerca se preguntaba si había algo debajo de la arcilla. Fue al monasterio en busca de un cincel y un martillo, y empezó a romper la capa de cerámica. A medida que sacaba fragmentos, el pequeño resplandor se hacía cada vez mayor y más brillante. Pasaron muchas horas de trabajo antes de que el monje se encontrara cara a cara con el extraordinario Buda de oro sólido.

Los historiadores creen que varios cientos de años antes del descubrimiento del monje, el ejército de Burma iba a invadir Tailandia (llamada entonces Siam). Los monjes siameses, dándose cuenta de que su país sería pronto atacado, cubrieron su precioso Buda de oro con una capa exterior de arcilla, para impedir que los soldados de Burma tomaran su tesoro como botín. Desgraciadamente, parece que los soldados sacrificaron a todos los monjes siameses, y el bien mantenido secreto del Buda de oro permaneció intacto hasta ese predestinado día de 1957.

Cuando volábamos de regreso a casa en la línea aérea Cathay Pacific Airlines pensé para mí mismo: «Todos somos como ese Buda de arcilla, cubiertos con un caparazón de dureza fabricado por nuestro temor, y sin embargo debajo de cada uno de nosotros existe un "Buda de oro", un "Cristo de oro" o una "esencia de oro" que es nuestro verdadero yo. En algún lugar del camino, entre los dos y los nueve años, empezamos a cubrir nuestra "esencia de oro", nuestro yo natural. Así como el monje con el martillo y el cincel, nuestra tarea actual es descubrir de nuevo nuestra verdadera esencia».

Jack Canfield

Comienza contigo mismo

Las siguientes palabras se encontraron escritas en la tumba de un obispo anglicano, en las criptas de la Abadía de Westminster:

Cuando era joven y libre, y mi imaginación no tenía límites, soñaba con cambiar el mundo. Cuando me volví más viejo y más sabio descubrí que el mundo no cambiaría, así que acorté mis anhelos un poco y decidí cambiar sólo mi país.

Pero este también parecía inmutable.

Cuando entré en el ocaso de mi vida, en un último y desesperado intento decidí cambiar sólo mi familia, a los que estaban más cerca de mí, pero igualmente ellos no cambiarían.

Y ahora mientras me encuentro en mi lecho de muerte, repentinamente me doy cuenta: *Si hubiera podido cambiarme primero a mí mismo*, entonces por el ejemplo habría cambiado mi familia.

Por su inspiración y valor hubiera entonces podido cambiar a mi país, y a lo mejor hubiera podido cambiar al mundo.

Anónimo

¡Nada más que la verdad!

David Casstevens del *Dallas Morning News* cuenta una historia acerca de Frank Szymanski, un centro del equipo Notre Dame en la década de los cuarenta, a quien se había llamado como testigo en un juicio civil en South Bend.

—Está usted en el equipo de fútbol de Notre Dame este año? —preguntó el juez.

—Sí, su señoría.

—¿En qué posición?

—Centro, su señoría.

—¿Qué tal es como centro?

Szymanski se revolvió inquieto en su asiento, pero dijo firmemente:

—Señor, soy el mejor centro que Notre Dame jamás ha tenido.

El entrenador Frank Leahy, quien estaba en la corte, se sorprendió. Szymanski había sido siempre modesto y sin pretensiones. Así que cuando terminaron los procedimientos judiciales llevó a Szymanski aparte, y le preguntó por qué había hecho semejante afirmación. Szymanski se ruborizó.

—No me gustó hacerlo, entrenador —dijo—. Pero después de todo, *estaba* bajo juramento.

Todas las bases cubiertas

A un niño se le oía hablándose a sí mismo mientras daba grandes zancadas en el patio trasero de su casa, con la gorra de béisbol en su lugar, y portando la bola y el bate.

—Soy el más grande jugador de béisbol en todo el mundo —decía orgullosamente.

Entonces lanzó la pelota al aire, bateó y falló. Sin desanimarse tomó de nuevo la pelota, la lanzó otra vez al aire, y se dijo en voz alta:

—¡Soy el más grande jugador que ha habido! Bateó nuevamente, y falló de nuevo. Hizo una pausa por un instante para examinar cuidadosamente el bate y la bola. Entonces una vez más lanzó la pelota al aire y dijo:

—Soy el más grande jugador de béisbol que jamás ha vivido. Bateó con fuerza, y nuevamente erró el tiro.

—¡Caramba! —exclamó— ¡Qué lanzador!

Fuente desconocida

Un niño estaba dibujando un retrato, y su profesor le dijo:
—Ese es un retrato interesante. Dime algo de él.
—Es un retrato de Dios.
—Pero nadie sabe cómo es Dios.
—Lo sabrán cuando haya terminado.

Mi declaración de autoestima

Lo que soy es suficientemente bueno, sólo si lo soy abiertamente.

Carl Rogers

Lo siguiente se escribió en respuesta a la pregunta de una niña de quince años: «¿Cómo me puedo preparar para una vida plena?»

Yo soy yo.

En todo el mundo no hay otro exactamente como yo. Hay personas que tienen algunas partes parecidas a las mías, pero nadie es exactamente como yo. Por eso, todo lo que resulta de mí es auténticamente mío porque yo lo escogí sola.

Poseo todo lo que hay en mí: mi cuerpo, incluyendo todo lo que hace; mi mente, incluyendo todos mis pensamientos e ideas; mis ojos, incluyendo las imágenes que tienen; mis sentimientos, cualesquiera que sean: ira, gozo, frustración, amor, desilusión, emoción; mi boca y todas las palabras que de ella salen: corteses, dulces o ásperas, correctas o incorrectas; mi voz, alta o baja; y todas mis acciones, ya sean para mí misma o para los demás.

Soy dueña de mis propias fantasías, de mis sueños, de

mis esperanzas, de mis temores.

Soy dueña de todos mis triunfos y éxitos, de todos mis fracasos y equivocaciones.

Puesto que poseo todo lo que es mío, puedo llegar a conocerme íntimamente. Al hacerlo puedo amarme y ser amistosa conmigo en todo mi ser. Entonces puedo hacer posible todo lo que está en mí, en favor de mis mejores intereses.

Sé que hay aspectos acerca de mí que me desconciertan, y otros que no conozco. Pero en la medida en que soy amistosa y amante conmigo misma, puedo valientemente y con esperanza buscar las respuestas para lo que no entiendo, y de esa manera descubrir más sobre mí.

Sin embargo, soy yo misma cuando miro y sondeo lo que quiera que diga o haga, y lo que quiera que piense y sienta en un momento dado. Esto es auténtico, y representa dónde estoy en ese momento en el tiempo.

Cuando más tarde reviso cómo miré e impresioné, qué dije o hice, y cómo pensé y sentí, puede parecer que algo no calza. Puedo descartar aquello que no se ajusta debidamente, y quedarme con lo que he probado que se ajusta, e inventar algo nuevo para lo que he descartado.

Puedo ver, oír, sentir, pensar, decir y hacer. Tengo las herramientas para sobrevivir, para estar cerca de los demás, para ser productiva, para obtener sentido y orden del mundo de personas y cosas que hay fuera de mí.

Soy dueña de mí misma, y por eso puedo dirigirme.

Yo soy yo, y estoy bien.

Virginia Satir

La vagabunda

Ella acostumbraba dormir en la oficina de correos de la calle quinta. Por su olor yo sentía su presencia antes de llegar a la entrada en donde dormía, o mientras estaba de pie en los teléfonos públicos. Podía oler la orina que se escurría por los pliegues de su ropa sucia, y la podredumbre que salía de su boca desdentada. Cuando no estaba durmiendo, murmuraba incoherentemente.

Ahora cierran la oficina postal a las seis para dejar fuera a los desamparados, así que ella se enrosca sobre la vereda, hablando consigo misma, la boca temblorosamente abierta, como desquiciada, sus olores disminuidos un poco por la suave brisa.

Un día de Acción de Gracias nos sobró bastante comida, la empaqué, pedí que me disculparan, y me dirigí a la calle quinta.

Era una noche helada. Las hojas se arremolinaban en las calles desiertas, y difícilmente alguien estaría fuera, con excepción de quienes no encontraran refugio en cálidos hogares de desamparados. Pero sabía que la iba a encontrar.

Estaba vestida como de costumbre, hasta en el verano: las capas de lana abrigaban su cuerpo viejo y encorvado. Sus manos huesudas apretaban el precioso carrito de compras.

Estaba en cuclillas apoyada contra una cerca de alambre frente al campo de juego contiguo a la oficina postal.

—¿Por qué ella no escogerá un lugar más protegido del viento? —pensé, y supuse que estaba tan loca que había perdido la noción para acurrucarse en un portal.

Acerqué mi flamante auto a la acera, y bajé el vidrio de la ventanilla.

—Madre... quisiera... —dije.

Se sintió impresionada por la palabra «madre». Pero ella era... es... de alguna manera que no puedo comprender.

—Madre —dije de nuevo—. Te he traído un poco de comida. ¿Te gustaría algo de pavo relleno y pastel de manzana?

Con sus dos dientes inferiores flojos moviéndose mientras hablaba, me miró y dijo muy clara y perfectamente:

—Gracias, muchas gracias, pero hoy he comido bastante. ¿Por qué no se la da a alguien que realmente la necesite?

Sus palabras fueron claras y sus modales amables. Luego me despidió: Su cabeza se hundió de nuevo en medio de sus andrajos.

Bobbie Probstein

Reglas para ser alguien humano

1. Recibirás un cuerpo.
Te puede gustar o puedes odiarlo, pero será tuyo durante todo este tiempo.

2. Aprenderás lecciones.
Estás matriculado de tiempo completo en una informal escuela llamada vida. Cada día tendrás la oportunidad de aprender lecciones en esta escuela. Te pueden gustar o puedes pensar que son intrascendentes y estúpidas.

3. No hay errores, sólo lecciones.
El crecimiento es un proceso de dificultades y errores: se llama experimentación. Los experimentos que «fracasaron» son sólo parte del proceso para llegar al experimento que finalmente «resulta».

4. Una lección se repite hasta que se aprende.
Se te presentará una lección de varias maneras, hasta que la hayas aprendido. Cuando lo hayas hecho, podrás seguir con la siguiente.

5. Las lecciones de aprendizaje no terminan.
No hay parte alguna de la vida que no contenga estas lecciones. Si estás vivo tienes lecciones que aprender.

6. «Allí» no es mejor que «aquí».

Cuando tu «allí» llega a ser un «aquí», sencillamente obtendrás otro «allí», que nuevamente parecerá mejor que «aquí».

7. Los demás son simplemente espejos de ti.

No puedes amar u odiar algo de otra persona, a menos que refleje algo que tú amas u odias de ti mismo.

8. Lo que haces de tu vida es asunto tuyo.

Tienes todas las herramientas y recursos que necesitas. Lo que haces con ellos es asunto tuyo. La decisión es tuya.

9. Las respuestas están en tu interior.

Las respuestas a los interrogantes de la vida están en tu interior. Todo lo que necesitas hacer es mirarlas, escucharlas y confiar.

10. Olvidarás todo esto.

Chérie Carter-Scott

3

SOBRE EL SER PADRES

Tal vez el mayor servicio social que alguien pueda rendir al país y a la humanidad sea formar una familia.

George Bernard Shaw

Los niños aprenden lo que viven

Si los niños viven con crítica,
aprenden a condenar.

Si los niños viven con hostilidad,
aprenden a pelear.

Si los niños viven con temor,
aprenden a ser recelosos.

Si los niños viven con lástima,
aprenden a estar apenados de sí mismos.

Si los niños viven con burla
aprenden a ser tímidos.

Si los niños viven con envidia,
aprenden lo que son los celos.

Si los niños viven con vergüenza,
aprenden a sentir culpa.

Si los niños viven con tolerancia,
aprenden a ser pacientes.

Si los niños viven con valor,
aprenden a tener confianza.

Si los niños viven con elogio,
aprenden a apreciar.

Si los niños viven con aprobación,
aprenden a gustarse a sí mismos.

Si los niños viven con aceptación,
aprenden a encontrar amor en el mundo.

Si los niños viven con reconocimiento,
aprenden a tener una meta.

Si los niños viven con participación,
aprenden a ser generosos.

Si los niños viven con honestidad e imparcialidad,
aprenden la verdad y la justicia.

Si los niños viven con seguridad,
aprenden a tener fe en sí mismos y en quienes los rodean.

Si los niños viven con amistad,
aprenden que el mundo es un agradable lugar para vivir.

Si los niños viven con serenidad,
aprenden a tener paz en la mente.

¿Con qué están viviendo tus niños?

Dorothy L. Nolte

Por qué escogí a mi padre para que sea mi papá

Crecí en una hermosa hacienda en pleno desarrollo en Iowa, y fui criada por padres que se describen a menudo como la «sal de la tierra y la columna vertebral de la comunidad». Ellos eran todo lo que sabemos que son los buenos padres: amantes, comprometidos en la tarea de criar a sus hijos con altas expectativas y con un sentido positivo del valor propio. Esperaban que hiciéramos las tareas domésticas de la mañana y de la tarde, que fuéramos a tiempo a la escuela, que obtuviéramos notas decentes y que fuéramos buenas personas.

Éramos seis hijos. *¡Seis!* No fue idea mía el que fuéramos tantos, pero entonces nadie me consultó. Para empeorar las cosas, la fatalidad me lanzó al corazón de la tierra estadounidense, en un clima muy riguroso y frío. Como todos los niños, pensé que había cometido una gran equivocación universal, y que estaba en la familia indebida; más definidamente, en el estado indebido. No me gustaba competir con los elementos. Los inviernos en Iowa son tan helados que tienes que hacer rondas en medio de la noche para ver que el ganado no esté atascado en algún lugar en que pueda con-

gelarse y morir. Se tenía que llevar al establo a los animales
recién nacidos, y a veces calentarlos para que pudieran vivir.
¡Los inviernos son *así* de fríos en Iowa!

Mi padre, un hombre increíblemente atractivo, fuerte,
carismático y enérgico, siempre estaba en movimiento. Mis
hermanos, hermanas y yo estábamos asombrados de él. Lo
honrábamos y lo teníamos en la más alta estima. Ahora
entiendo por qué. En su vida no había contradicciones. Era
un hombre honorable con altos principios. El trabajo que
había escogido —la agricultura— era su pasión. Era el mejor.
Estaba en casa criando y cuidando los animales. Se sentía
unido a la tierra, y tenía gran orgullo de sembrar y recoger
las cosechas. Rehusaba cazar fuera de estación, aun cuando
los venados, los faisanes, las codornices y otros animales
llegaban en abundancia a nuestras tierras. Rehusaba usar
aditivos químicos para la tierra, o alimentar animales con
nada que no fuera granos naturales. Nos enseñó por qué lo
hacía, y por qué debíamos aceptar los mismos ideales. Ahora puedo ver cuán consciente era, porque esto sucedía a me-
diados de la década de los cincuenta, antes de que hubiera
un intento de compromiso universal a lo largo y ancho del
mundo para la preservación del ambiente.

Papá era también un hombre muy impaciente, menos en
medio de la noche cuando estaba controlando sus animales
durante esas rondas hasta altas horas. La relación que desa-
rrollamos juntos desde esos tiempos fue sencillamente inolvidable. Tuvo una gran influencia en mi vida. Aprendí mucho *acerca de* él. A menudo oigo a hombres y mujeres decir
que pasaron muy poco tiempo con sus padres. En verdad el
corazón de los hombres en la actualidad está en buscar a
tientas un padre que nunca conocieron realmente. Yo conocí
al mío.

Volviendo atrás, sentí como si yo fuera secretamente su
hija favorita, aunque es bastante posible que cada uno de

nosotros seis sintiera de la misma manera. Eso era tanto bueno como malo. Las malas noticias eran que yo era la única a quien él seleccionaba para acompañarlo en esas noches y madrugadas para revisar los establos, y yo detestaba absolutamente levantarme y dejar mi lecho tibio para salir al aire helado. Pero mi padre se sentía de lo mejor, y le encantaban esos momentos. Era más comprensivo, paciente, amable y buen oyente. Su voz era amable, y su sonrisa me hacía entender la pasión que mi madre sentía por él.

Fue durante esos momentos cuando era un maestro modelo: concentrándose siempre en los porqué, en las razones para hacer las cosas. Hablaba interminablemente durante la hora u hora y media que tomaba hacer las rondas. Hablaba de sus experiencias en la guerra, de los porqué de aquella en la que participó, y sobre la región, su gente, los efectos y repercusiones de la guerra. Una y otra vez contó su historia. En la escuela descubrí que la historia era lo más emocionante y familiar.

Hablaba de lo que había conseguido en sus viajes, y por qué ver el mundo era tan importante. Despertó en mí necesidad y amor por viajar, hasta el punto de que para cuando yo tenía treinta años ya había visitado o trabajado en por lo menos treinta países.

Hablaba sobre la necesidad y el amor por el aprendizaje, y sobre por qué es importante una educación formal. Hablaba de la diferencia entre inteligencia y sabiduría. Insistía en que yo llegara más allá de simplemente graduarme en secundaria. «Puedes hacerlo», diría una y otra vez. «Eres una Burres. Eres brillante, tienes buen juicio, y recuerda que eres una Burres». No había manera de que lo desilusionara. Yo tenía confianza más que suficiente para emprender cualquier curso de estudio. Con el tiempo completé un doctorado, y más tarde obtuve otro. Aunque el primer doctorado fue para papá y el segundo para mí, había definitivamente un sentimiento de curiosidad y búsqueda que hizo que ambos fueran fáciles de lograr.

Hablaba sobre los patrones y valores, sobre desarrollar el carácter y lo que significaba en el curso de la vida. Yo escribo y enseño sobre tema similar. Hablaba sobre cómo tomar y evaluar decisiones, cuándo reducir las pérdidas y alejarse, y cuándo apegarse aun más frente a la adversidad. Hablaba sobre el concepto de *ser y llegar a ser*, y no sólo *tener y conseguir*. Todavía uso esa frase. «No vendas tu corazón», decía. Hablaba de los instintos viscerales, de cómo distinguir entre ellos y los engaños emocionales, y sobre cómo evitar el engaño de otros. Decía: «Escucha siempre a tus instintos, y aprende que todas las respuestas que necesitas están dentro de ti. Busca un momento tranquilo en soledad. Sé suficientemente calmada para encontrar las respuestas en tu interior, y luego escúchalas. Busca algo que te encante hacer, luego lleva una vida que lo muestre. Tus metas se deben originar en tus valores, y luego el trabajo irradiará el deseo de tu corazón. Esto te apartará de distracciones inoficiosas que sólo servirán para desperdiciar tu tiempo, tu misma vida es tiempo. ¡Cuánto puedes crecer en los años que se te dan! Preocúpate de los demás, y respeta siempre a la madre tierra. Dondequiera que vivas, asegúrate de que tengas una vista llena de árboles, cielo y tierra».

Mi padre. Cuando reflexiono en cómo amó y valoró a sus hijos, me siento francamente preocupada por la juventud que nunca conocerá a sus padres de esta manera, o que nunca sentirá el poder del carácter, de la ética, de la fuerza y de la sensibilidad en una sola persona, como yo en la mía. Mi padre fue un ejemplo de lo que decía. Y siempre supe que era serio en relación conmigo. Supe que me hizo sentir valiosa, y quería que yo viera ese valor.

El mensaje de papá tiene sentido para mí porque nunca vi conflicto alguno en la manera en que transcurrió su vida.

Había planeado su vida, y la vivía diariamente. Con el tiempo compró y pagó varias granjas (es tan activo ahora como lo era entonces). Se casó y ha amado a la misma mujer durante toda su vida. Mi madre y él, ahora casados por cerca de cincuenta años, son todavía enamorados inseparables. Son los más grandes amantes que he conocido. Y amó mucho a su familia. Pienso que fue demasiado posesivo y protector con sus hijos, pero ahora que soy madre puedo entender esas necesidades y verlas por lo que son. Aunque pensó que podía salvarnos del sarampión, y casi lo logra, vehementemente rehusó perdernos en vicios destructivos. Veo también cuán decidido estaba de que fuéramos adultos cuidadosos y responsables.

En este momento cinco de sus hijos viven a pocas millas de distancia de él, y han escogido una versión de su modo de vida. Son cónyuges y padres consagrados, y la agricultura es el trabajo que escogieron. Sin lugar a dudas son la columna vertebral de su comunidad. Hay una sola desviación en todo esto, y sospecho que es porque me llevaba a esas rondas de medianoche. Tomé una dirección diferente de la que tomaron los otros cinco hijos. Comencé una carrera como educadora, asesora y profesora universitaria. Con el tiempo escribí varios libros para padres e hijos, a fin de compartir lo que había aprendido sobre la importancia de desarrollar la autoestima en los años infantiles. Los mensajes para mi hija —con muy poco cambio— son los valores que aprendí de mi padre, por supuesto, mezclados con las experiencias de mi vida. Ellos se continúan transmitiendo.

Debo hablar un poco de mi hija. Es una hermosa atleta de 1,75 metros, que participa en tres deportes por año, se preocupa demasiado por la diferencia entre una calificación A y una B, y justamente fue nominada finalista en el concurso de Miss Teen California. Pero no son sus cualidades externas y logros los que me recuerdan a mis padres. La gente me dice siempre que mi hija posee gran bondad, espiritualidad, fuego interior especial que irradia al exterior. La esencia de mis padres está personificada en su nieta.

La recompensa de estimar a sus hijos, y de ser padres dedicados, ha tenido también un efecto muy nutriente en la vida de mis padres. Mientras escribo esto, mi padre está en la Clínica Mayo de Rochester, Minnesota, para una serie de análisis médicos a efectuarse en seis a ocho días. Es diciembre. Debido al riguroso invierno, alquiló un cuarto de hotel cerca de la clínica (como paciente externo). Por sus obligaciones en el hogar, mi madre pudo estar con él sólo en los primeros días. Por tanto, el día de navidad estaban separados.

Esa noche llamé primero a mi padre a Rochester para desearle una feliz navidad. Me pareció decaído y desanimado. Luego llamé a mi madre a Iowa. Estaba triste y melancólica.

—Es la primera vez que tu padre y yo pasamos separados la navidad —se lamentó—. No es navidad sin él.

Yo tenía catorce invitados a comer, que ya estaban llegando para festejar esa noche. Regresé a la cocina, pero sin poder quitar de mi mente el dilema de mis padres llamé a mi hermana mayor. Ella llamó a mis hermanos. Tuvimos una conferencia telefónica. Se tomó una decisión. Decididos a que nuestros padres no estuvieran separados en la nochebuena, mi hermano menor manejaría su auto las dos horas que había hasta Rochester para recoger a papá, y llevarlo a casa sin decir nada a mamá. Llamé a papá para contarle los planes.

—¡Cielos no! —dijo—. Es demasiado peligroso venir en una noche como esta.

Mi hermano llegó a Rochester y golpeó la puerta del cuarto de papá. Me llamó desde allí para decirme que él no quería ir.

—Tienes que convencerlo Bobbie. Sólo a ti escuchará.

—Anda, papá —le dije con amor.

Y él lo hizo. Tim y papá partieron para Iowa. Nos mantuvimos en contacto hablando con ellos del clima y del viaje a través del teléfono del auto de mi hermano. Para ese tiempo todos mis invitados habían llegado, y participaban de este acontecimiento. ¡Cuando sonaba el teléfono poníamos el parlante para que pudiéramos escuchar hasta lo último! Era un poco más de las nueve cuando el teléfono sonó, era papá desde el auto.

—Bobbie, ¿cómo puede ser posible que yo vaya a casa sin un regalo para tu madre? ¡Sería la primera vez en casi cincuenta años que no le diera su perfume por navidad!

En ese momento todos mis invitados estaban participando del plan. Llamamos a mi hermana para conseguir los nombres de los centros comerciales que estuvieran abiertos, para que pudieran detenerse a conseguir el único regalo que mi padre consideraría que debería dar a mamá: la misma clase de perfume que le había dado cada año en navidad.

A las 9:52, mi padre y mi hermano salieron de ese pequeño centro comercial en Minnesota, y se dirigieron a casa. A las 11:50, el automóvil rodaba por los caminos de la granja. Actuando como un escolar que intenta esconder la risa, mi padre se escondió en la esquina de la casa y permaneció fuera de la vista.

—Mamá, visité hoy a papá, y me dijo que te trajera su ropa sucia para que la laves —dijo mi hermano mientras entregaba a mamá las maletas.

—¡Qué pesar! —dijo triste y dulcemente— lo extraño mucho. Podría hacerlo ahora mismo.

Saliendo de su escondite, mi padre le dijo:

—No tendrás tiempo para hacerlo esta noche.

Después de que mi hermano me llamó para contarme este conmovedor encuentro entre nuestros padres —estos dos amigos y amantes— llamé a mamá.

—¡Feliz navidad, madre!

—¡Caramba! ustedes muchachos...» —dijo ella con voz entrecortada y rompiendo en llanto.

Fue incapaz de continuar. Mis invitados aplaudieron.

Aunque estaba a dos mil millas de distancia, esta fue una de las más especiales navidades que he disfrutado con mis padres. Y por supuesto, reunirlos fue parte de la nochebuena. Esa es la fuerza de los hijos que aman y honran a los padres, y por supuesto, al matrimonio maravilloso y consagrado que mis padres disfrutan.

—Los buenos padres —me dijo una vez Jonas Salk— dan a sus hijos raíces y alas. Raíces para saber dónde está el hogar, alas para volar lejos y poner en práctica lo que se les ha enseñado.

Si el legado de los padres es saber cómo dirigir la vida con propósito, tener un nido seguro, y ser bienvenida cuando regrese, creo que escogí muy bien a mis padres. Fue en esta pasada navidad cuando entendí más plenamente por qué fue necesario que estas dos personas fueran mis padres. Aunque las alas me han llevado alrededor del mundo para con el tiempo anidar finalmente en la encantadora California, las raíces que me dieron mis padres serán un fundamento inconmovible para siempre.

Bettie B. Youngs

La escuela de animales

Una vez los animales decidieron que debían hacer algo heroico para solucionar los problemas de un «mundo nuevo». Así que organizaron una escuela.

Adoptaron un programa de actividades que consistía en correr, trepar, nadar y volar. Para hacer más fácil el desarrollo del programa, todos los animales se inscribieron en todas las materias.

El pato era excelente para nadar, en realidad mejor que su instructor, pero en volar sólo logró pasar de grado, y su rendimiento fue muy pobre en correr. Puesto que era muy lento para correr tenía que quedarse después de clase, y disminuir un poco la natación para practicar la carrera. Esto continuó así hasta que su pata palmeada quedó severamente desgastada, y obtuvo sólo el promedio en natación. Pero el promedio era aceptable en la escuela, así que nadie se preocupó por eso, excepto el pato.

El conejo era el primero de la clase en correr, pero tenía una crisis nerviosa debido a que le costaba mucho trabajo nadar.

La ardilla era excelente para trepar, hasta que desarrolló frustración en las clases de vuelo, porque el instructor le hacía despegar desde el suelo y no desde la cima de un árbol. Desarrolló también un agarrotamiento muscular por excesivo esfuerzo, y entonces obtuvo C en trepar y D en correr.

El águila era una chica problema, y se le castigó severamente. En la clase de trepar ganó a todos los demás para llegar a la cima del árbol, pero insistía en usar su propio método.

Al final del año, una anguila anormal que podía nadar muy bien, y también correr, trepar y volar un poco tuvo el promedio más alto, y fue la encargada del discurso de clausura.

Los perros de la pradera permanecieron fuera de la escuela, y se opusieron al cobro de impuestos debido a que la administración no incluía cavar ni hacer madrigueras en el programa. Colocaron a sus hijos de aprendices de un tejón, y más tarde se unieron a las marmotas, topos, ardillas, tortugas y culebras para iniciar una próspera escuela privada.

¿Tiene esta fábula una moraleja?

John H. Reavis

Tocada

Ella es mi hija, y está inmersa en la turbulencia de sus dieciséis años. Después de un período reciente de enfermedad supo que su mejor amigo se iría pronto. La escuela no era tan buena como esperaba, ni tan buena como su madre y yo habíamos esperado. Emanaba tristeza a través de todas las cobijas que la envolvían, mientras yacía en cama buscando alivio. Yo quería llegar a ella para sacar todas las miserias que habían echado raíces en su joven espíritu. Sin embargo, aun cuando era consciente de lo mucho que me importaba, y quería quitar toda su infelicidad, sabía la importancia de proceder con cuidado.

Como terapista familiar se me ha instruido acerca de las expresiones inadecuadas de intimidad entre padres e hijas, principalmente de parte de clientes cuyas vidas han sido destrozadas por el abuso sexual. Me doy cuenta también de cuán fácilmente el cuidado y la cercanía se pueden sexualizar, especialmente por hombres que ven el campo emocional como territorio ajeno, y que confunden cualquier expresión de afecto con invitación sexual. Cuán fácil era tenerla y consolarla cuando tenía dos, tres o incluso siete años. Pero ahora su cuerpo, nuestra sociedad y mi masculinidad, todo parecía conspirar contra mi deseo de consolarla. ¿Cómo podía consolarla y al mismo tiempo respetar los límites necesarios entre un padre y una hija adolescente? Empecé por ofrecerle un masaje en la espalda. Ella aceptó.

Con delicadeza masajeé su columna vertebral y sus nudosos hombros mientras me disculpaba por mi última ausencia. Le expliqué que acababa de regresar de las finales internacionales de masajes de espalda, donde había ocupado el cuarto lugar. Le aseguré que es difícil batir el récord de frotamiento de espalda de un padre preocupado, especialmente si es un padre preocupado de talla mundial. Le hablé acerca del concurso y de los otros concursantes mientras mis manos y dedos buscaban aflojar los tensos músculos, y aliviar las tensiones en su joven vida.

Le conté del enjuto y viejo asiático que había ocupado el tercer lugar en el concurso. Después de haber estudiado acupuntura y dígitopuntura durante toda su vida podía concentrar toda su energía en los dedos, elevando a un arte el masaje de espalda. «Golpeaba y pinchaba con los dedos con mágica precisión», expliqué, dándole un ejemplo de lo que había aprendido del viejo. Ella gimió, aun cuando no estaba seguro si era en respuesta a mi plática o al toque de mis dedos. Después le hablé de la mujer que había ocupado el segundo lugar. Era turca, y desde su infancia había practicado el arte de la bella danza, por lo que podía mover los músculos y hacerlos ondular en un fluido movimiento. Con su masaje de espalda, sus dedos despertaban a los músculos cansados y animaban a los cuerpos cansados a vibrar, estremecerse y danzar.

—Dejaba que sus dedos hicieran su trabajo, y los músculos los seguían —dije demostrándolo.

—Es fantástico —fue la voz que brotó quedamente de un rostro hundido en la almohada. ¿Lo dijo por mi dicho ingenioso o por mi toque?

Entonces me limité a frotarle la espalda, y permanecimos

en silencio.

—Así que, ¿quién quedó en primer lugar? —preguntó después de un momento.

—¡Nunca lo creerías! —dije—. ¡Fue un bebé!

Y le expliqué cómo el tacto suave y confiado de un infante explorando, oliendo y saboreando un mundo de piel era como ningún otro tacto en el mundo. Más suave que lo suave. Imprevisible, tierno, penetrante. Diminutas manitas expresando más de lo que las palabras jamás podrían decir. Acerca de pertenecer. Acerca de confiar. Acerca del amor inocente. Y entonces tierna y suavemente la toqué como había aprendido del niño. Recordé vívidamente su propia infancia: cargándola, meciéndola, observando sus primeros pasos y el crecimiento en su mundo. Me di cuenta de que ella en realidad era el niño que me había enseñado acerca del tacto del infante.

Después de un período de tierna fricción en la espalda y otro de silencio, le dije que estaba contento de haber aprendido tanto de los expertos frotadores de espalda del mundo. Le expliqué cómo había sido un aun mejor masajeador para una hija de dieciséis años que dolorosamente se convertía en adulta. Levanté una silenciosa oración de agradecimiento porque esa vida haya sido puesta en mis manos, y porque se me haya bendecido con el milagro de tocar aunque sea una parte de ella.

Victor Nelson

Te quiero, hijo

Pensamientos que vienen a mi mente mientras llevo a mi hijo a la escuela: Buenos días, hijo. Luces muy bien con tu equipo de niño explorador, no tan gordo como tu viejo cuando era un niño explorador. Tampoco creo que mi pelo era tan largo hasta que fui a la universidad, pero creo que de todas maneras te reconocería por como estás: un poco peludo alrededor de los oídos, sandalias que dejan los dedos al descubierto, arrugado en las rodillas... nos hemos acostumbrado el uno al otro...

Ahora que tienes ocho años noto que no te veo mucho. En el día de la raza saliste a las nueve de la mañana. Te vi por cuarenta y dos segundos en el momento del almuerzo, y reapareciste para la cena a las cinco. Te extraño, pero sé que ahora tienes serios asuntos que atender. Con certeza tan serios —si no más importantes— que las cosas que hacen los otros viajeros.

Tienes que crecer, y eso es más importante que recortar cupones, arreglar negocios, o vender cosas a la gente. Tienes que aprender qué es lo que puedes y lo que no puedes hacer, y aprender cómo enfrentarte con eso. Tienes que aprender acerca de las personas y cómo se comportan cuando no se sienten bien consigo mismas, como los bravucones que se cuelgan de los soportes para bicicletas y fastidian a los niños más chicos. Sí, tienes que aprender cómo pretender que no te molestan los apodos. Siempre te molestará, pero tú tendrás que mostrar indiferencia, o te llamarán cada vez peor. Sólo espero que recuerdes cómo se siente en caso de que alguna vez decidas ponerte a la altura de un niño más chico que tú.

¿Cuándo fue la última vez que te dije que estaba orgulloso de ti? Creo —si mal no recuerdo— que tenía un trabajo que hacer. Recuerdo la última vez que te grité, te dije que te atrasarías si no te apurabas, pero en compensación, como decía Nixon: Te he dado más gritos que felicitaciones. Para que quede constancia, en caso de que leas esto, estoy orgulloso de ti. Me gusta especialmente tu independencia, la manera en que cuidas de ti mismo, aunque a veces me asusta un poco. Nunca te has quejado demasiado, y eso te hace un chico superior en mi libro.

¿Por qué los padres se dan cuenta tan lentamente de que sus hijos de ocho años necesitan tantos abrazos como los de cuatro? Si no tengo cuidado, muy pronto estaré golpeándote en el brazo y diciéndote: «¡¿Qué dices muchacho?!» En vez de abrazarte y decirte que te quiero. La vida es demasiado corta para esconder el afecto. ¿Por qué los muchachos de ocho años son tan lentos para comprender que los de treinta y seis necesitan tantos abrazos como los de cuatro?

¿Olvidé decirte que estoy orgulloso de que vuelvas a tu lonchera después de haber estado una semana consumiendo esa indigesta comida caliente? Estoy contento de que valores tu cuerpo.

Quisiera que el viaje no fuera tan corto... quiero hablarte de anoche... cuando tu hermano menor estaba durmiendo, y te permitimos quedarte a ver el juego de los Yanquis. Esos momentos son muy especiales. No hay manera de planificarlos. Cada vez que tratamos de planificar algo juntos, o no es muy bueno ni muy rico ni muy agradable. Por unos pocos minutos fue como si tú ya hubieras crecido, y habláramos sin palabras acerca de «¿cómo te va en la escuela hijo?» Ya revisé tu tarea de matemáticas de la única manera en que puedo hacerlo: con una calculadora. Eres mejor con los números de lo que yo he sido. Así que hablamos acerca del partido, y tú sabías más que yo de los jugadores y aprendí de ti. Y ambos estuvimos felices cuando ganaron los Yanquis.

Bueno, allí está el encargado de parar el tráfico para que pasen los niños. Probablemente nos sobrevivirá a todos. Me gustaría que no tuvieras que ir a la escuela hoy. Hay tantas cosas que quiero decirte.

Sales muy aprisa de mi auto. Quisiera recrearme en ese momento... pero ya te has mezclado con un par de amigos.

Sólo quiero decirte: «Te amo hijo...»

Victor B. Miller

Lo que eres es tan importante como lo que haces

Lo que eres habla tan alto que no puedo escuchar lo que dices.

Ralph Waldo Emerson

Era una soleada tarde de domingo en Oklahoma. Mi amigo y orgulloso papá, Bobby Lewis, llevaba a sus dos hijitos a jugar minigolf.

—¿Cuánto cuesta la entrada? —preguntó al llegar a la ventanilla.

—Tres dólares por usted, y tres por cada niño mayor de seis años —contestó el taquillero—. Los niños menores de seis no pagan. ¿Cuántos años tienen ellos?

—El abogado tiene tres y el médico siete, así que creo que son seis dólares —dijo Bobby.

—Mire señor —dijo el hombre de la ventanilla— ¿se ganó la lotería o algo parecido? Pudo haberse ahorrado tres dólares. Me pudo haber dicho que el mayor tenía seis años; yo no hubiera notado la diferencia.

—Sí, puede ser verdad —replicó Bobby— pero los chicos sí la hubieran notado.

Ralph Waldo Emerson lo dijo: «Lo que eres habla tan alto que no puedo escuchar lo que dices». En estos tiempos difíciles en que la ética es más importante que nunca, asegúrate de dar un buen ejemplo a todos con quienes vives y trabajas.

Patricia Fripp

La familia estadounidense perfecta

Son las diez y media de una perfecta mañana de sábado, y por el momento somos la perfecta familia estadounidense. Mi esposa ha llevado a nuestro hijo de seis años a su primera lección de piano. Nuestro hijo de catorce años aún no se levanta. El de cuatro años mira televisión en el otro cuarto. Yo estoy sentado a la mesa de la cocina leyendo el periódico.

Aaron Malachi, el de cuatro años, aparentemente aburrido de la carnicería que veía en los dibujos animados, y del considerable poder personal que obtenía del control remoto, invade mi espacio.

—Tengo hambre —dijo.

—¿Quieres cereal?

—No.

—¿Quieres yogur?

—No.

—¿Quieres huevos?

—No. ¿Puedo tomar un poco de helado?

—No.

Por lo que sé, el helado puede ser más nutritivo que el cereal procesado, o los huevos cargados de antibióticos, pero de acuerdo a mis valores culturales, no está bien comer helado a las 10:45 de una mañana de sábado.

Silencio. Después de cuatro segundos:

—Papá, nos queda mucho tiempo de vida, ¿no es así?

—Sí Aaron, nos queda mucho tiempo de vida.

—¿A mí, a ti y a mamá?

—Así es.

—¿Y a Isaac?

—Sí.

—¿Y a Ben?

—Sí, a ti, a mí, a mamá, a Isaac y a Ben.

—Tenemos mucho tiempo de vida. Hasta que todo el mundo muera.

—¿Qué quieres decir?

—Hasta que todos mueran y los dinosaurios regresen.

Aaron se sienta sobre la mesa y cruza las piernas como un Buda en medio del periódico.

—¿Qué quieres decir Aaron con: «Hasta que todos mueran»?

—Tú dices que todos mueren. Cuando todos mueran los dinosaurios regresarán. Los hombres de las cavernas vivían en cuevas, en las cuevas de los dinosaurios. Entonces los dinosaurios llegaron y los aplastaron.

Me doy cuenta que para Aaron la vida es una economía limitada, un recurso con un principio y un fin. Tiene la visión de sí mismo y de nosotros como algo que sigue esa trayectoria, una trayectoria que termina en incertidumbre y pérdida.

Me enfrento a una decisión ética. ¿Qué debería hacer? ¿Debería intentar darle Dios, salvación, eternidad? ¿Debería hablarle mucho de estribillos como: «Tu cuerpo es como un caparazón, y después de que mueras estaremos todos juntos para siempre en espíritu»?

¿O debería dejarlo con su incertidumbre y su ansiedad porque pienso que es real? Debería tratar de hacer de él un existencialista ansioso, o debería tratar de hacerlo sentir mejor?

No lo sé. Contemplo fijamente el periódico. Los Celtics pierden todos los viernes en la noche. Larry Bird está enojado con alguien, pero no puedo ver con quién, debido a que el pie de Aaron me estorba. No sé, pero mi sensibilidad neurótica, de clase media, y adictiva me dice que este es un momento muy importante, un momento en que se están formando las maneras de Aaron de construir su mundo. O quizás mi sensibilidad neurótica, de clase media, y adictiva me está haciendo justamente pensar eso. Si la vida y la muerte son una ilusión, ¿por qué debo esforzarme porque alguien más las entienda?

Aaron juega sobre la mesa con un «soldado», levantándole los brazos, y balanceándolo en sus piernas movibles. Era Kevin McHale con quien Larry Bird estaba enojado. No, no era Kevin McHale, era Jerry Sichting. Pero Jerry Sichting ya no juega con los Celtics. ¿Qué pasó con Jerry Sichting? Todo muere, todo llega a su final. Jerry Sichting juega para Sacramento o para Orlando o ha desaparecido.

No debería juguetear con la manera en que Aaron entiende la vida y la muerte, porque quiero que tenga un sólido sentido de estructura, un sentido de permanencia de las cosas. Es obvio que las monjas y los curas hicieron un buen trabajo conmigo. Era la agonía o la bienaventuranza. El cielo y el infierno no estaban conectados por el servicio de larga distancia. Estabas en el equipo de Dios, o estabas en la sopa, y la sopa estaba caliente. No quiero que Aaron se queme, pero quiero que tenga una sólida armazón. La neurótica e inevitable ansiedad puede venir después.

¿Es eso posible? ¿Es posible tener un sentido de que Dios, espíritu, karma, Jehová o algo sea trascendente, sin traumatizar el presente de una persona, sin meterla dentro de ellos? ¿Podemos también tener nuestro pastel y comerlo, ontológicamente hablando? ¿O es su frágil sensibilidad, su «allí», roto por tal acto?

Sintiendo un ligero incremento de agitación sobre la mesa, sé que Aaron se está aburriendo con su soldado. Con una actitud dramática para aprovechar el momento, aclaro mi garganta y digo con tono profesional:

—Aaron, la muerte es algo que algunos creen...

—Papá —interrumpe Aaron—, ¿podríamos jugar con el nintendo? No es un juego muy violento —explica gesticulando con las manos— no es como un juego de matanza. Los tipos son de esos que sólo se dejan caer.

—Sí —dije un poco aliviado— juguemos con el nintendo. Pero antes hay algo más que debemos hacer.

—¿Qué?

Aaron se detiene y regresa corriendo, ya estaba a mitad de camino del nintendo.

—Antes que nada tomemos un poco de helado.

Otro sábado perfecto para una familia perfecta. Al menos por ahora.

Michael Murphy

Sheldon, el problema contigo es la falta
de confianza en ti mismo.

¡Solamente dilo!

Si fueras a morir pronto y pudieras hacer sólo una llamada telefónica, ¿a quién llamarías y qué le dirías? ¿Y qué estás esperando?

Stephen Levine

Una noche, después de leer uno de los centenares de libros acerca de los padres que he leído, me sentía un poco culpable debido a que el libro había descrito algunas de las estrategias de ser padres, que yo no había empleado por mucho tiempo.

La estrategia principal era hablar con tu hijo, y usar esas dos palabras mágicas: «Te quiero». Insistía una y otra vez en que los hijos deben saber lo incondicional e inequívocamente que *en verdad* los amas.

Subí las escaleras hasta el dormitorio de mi hijo, y toqué a la puerta. Cuando lo hice, lo único que podía oír eran sus tambores. Sabía que estaba allí, pero no me contestaba. Así que abrí la puerta, y en verdad él estaba allí sentado con los audífonos puestos, escuchando un casete y tocando los tambores.

—Tim, ¿tienes un segundo? —le dije después de inclinarme hasta captar su atención.

—Seguro papá. Siempre tengo uno —contestó.

Nos sentamos, y después de hablar alrededor de quince minutos acerca de cosas sin mucha importancia, lo miré y dije:

—Tim, realmente me encanta el modo en que tocas los tambores.

—¿De veras papá? Te lo agradezco mucho.

—¡Hasta pronto! —dije mientras me dirigía a la puerta.

Cuando bajaba las escaleras, me di cuenta de que subí con un mensaje y no lo había entregado. Sentí que era realmente importante regresar y tener otra oportunidad de decir esas dos palabras mágicas.

Subí de nuevo las escaleras, toqué la puerta y la abrí.

—¿Tienes un segundo, Tim?

—Seguro papá, siempre tengo uno o dos segundos. ¿Qué deseas?

—Hijo —titubeé— la primera vez que vine a darte un mensaje te dije otra cosa. No era realmente lo que quería decirte. ¿Recuerdas que cuando aprendías a manejar me causaste muchos problemas? Escribí tres palabras, y las puse debajo de tu almohada esperando que te dieras cuenta. Había hecho mi parte como padre, y había expresado mi amor a mi hijo.

Finalmente, después de una pequeña conversación, miré a Tim y le dije:

—Lo que deseo que sepas es que te queremos mucho.

—¡Muchas gracias, papá! ¿Quieres decir que tú y mamá me aman? —dijo.

—Sí, los dos, sólo que no te lo hemos expresado debidamente.

—Gracias, eso significa mucho. Sé que me aman —dijo nuevamente.

Giré sobre mí mismo y me dirigí a la puerta. Mientras bajaba las escaleras pensaba: «No puedo creerlo. He estado con él dos veces, sé cuál es el mensaje, y sin embargo es algo diferente lo que sale de mi boca».

Sentía regresar de nuevo y hacerle saber a Tim exactamente lo que siento. Él va a escucharlo directamente de mí. ¡No me importa que mida un metro ochenta! Por tanto regreso, toco de nuevo la puerta, y él grita:

—Un momento. No me digas quién es. ¿Podrías ser tú, papá?

—¿Como lo sabes? —dije.

—Te conozco desde que eres mi padre —respondió.

—Hijo, ¿tienes sólo un segundo más?

—Tú sabes que siempre tengo uno. Supongo que no me has dicho aún lo que querías decirme —dijo amablemente.

—¿Cómo lo sabes?

—Te conozco desde que yo estaba en pañales —volvió a responder.

—Bien Tim, he aquí lo que me reservado todo este tiempo. Quiero expresarte lo especial que eres para nuestra familia. No es lo que haces ni lo que has hecho, como lo que has estado haciendo con los muchachos en el pueblo. Es lo que eres como persona. Te quiero, y sólo es eso lo que quería que supieras, y no sé por qué me reservo algo tan importante.

—Mira padre —me dijo mirándome fijamente— te conozco muy bien, y en verdad es bueno escucharte decir eso. Gracias por tus pensamientos, como por la intención.

Mientras me dirigía nuevamente a la puerta volvió a hablar:

—Espera papá. ¿Tienes otro segundo?

Empecé a pensar: «Oh no, ¿qué me irá a decir ahora?»

—Seguro hijo, siempre tengo uno —contesté.

No sé de dónde sacarán los muchachos esto, estoy seguro que no es de sus padres, pero él dijo:

—Papá, sólo quiero hacerte una pregunta.

—¿De qué se trata? —contesté.

Me miró y me dijo:

—Papá, ¿has estado en un seminario, o en algo parecido? —me miró nuevamente.

Estoy pensando: «Oh no, como cualquier muchacho de dieciocho años, él me está tomando el pelo». Y dije:

—No, estaba leyendo un libro que trata de cuán importante es decir a los hijos lo que verdaderamente sentimos por ellos.

—Muy bien, gracias por el momento. Hablaremos luego, papá.

Pienso que lo que me enseñó Tim, más que cualquier otra cosa esa noche, es que la única manera en que puedes entender el verdadero significado y propósito del amor es querer pagar el precio. Tienes que ir y arriesgarte a comunicarlo.

Gene Bedley

4

SOBRE
EL
APRENDIZAJE

Aprender es descubrir
lo que ya sabes.

Hacer es demostrar
que lo sabes.

Enseñar es recordar a otros
que lo saben tanto como tú.

Todos somos aprendices,
hacedores, maestros.

Richard Bach

Construyame un futuro

Querido Maestro:

Oi mamá yoró. Mamá me dijo: Yodi ¿sabes realmente por qué bas a la escuela? Yo le dije: No se ¿por qué? Eya me dijo que era porque me ban a construir un futuro. Yo le pregunté qué es un futuro. A qué se parece? Mami dijo: No se Yodi. En verdad nadie puede ver tu futuro como tú. Pero no te preocupes porque tú lo berás. Es entonses cuando ella yoró i dijo: O Yodi te quiero mucho.

Mami dise que cada uno debe trabajar mui duro para que los niños tengamos nuestro futuro, el mejor que el mundo ofrese.

Maestro ¿Podemos enpesar a construir un futuro para mí? Puede aser algo espesial para lograr que yo tenga el mas bonito, uno presisamente para mamá ¿para mi?

Lo quiero mucho maestro

lo quiero mucho

Yodi
xxooxx

Escrito por Frank Trujillo

Estoy más contento conmigo ahora

Cuando observas que la autoimagen de un niño mejora, verás conquistas significativas en el campo de los logros, pero aun más importante que eso, verás a un niño que empieza a disfrutar más de la vida.

Wayne Dyer

Tuve un gran sentimiento de alivio cuando comencé a entender que un joven necesita algo más que una materia de estudio. Conozco y enseño muy bien las matemáticas. Pensaba que eso era todo lo que debía hacer. Ahora no enseño matemáticas a los niños. Acepto el hecho de que puedo tener éxito parcial con algunos de ellos. Cuando no tengo que conocer todas las respuestas me parece que tengo más respuestas que cuando trataba de ser experto. Eddie fue el joven que me hizo entender realmente esto. Un día le pregunté por qué creía que hoy estaba mejor que el año anterior. Él dio significado a toda mi nueva orientación: «Estoy más contento conmigo ahora porque estoy con usted».

Un maestro citado por
Everett Shostrom en
El hombre, el manipulador

Todo lo bueno

Él estaba en la clase de tercer grado que yo enseñaba en la escuela Saint Mary en Morris, Minnesota. Yo quería a todos mis treinta y cuatro estudiantes, pero Mark Eklund era uno en un millón. De apariencia muy limpia, tenía una actitud tan feliz de la vida que hacía que sus ocasionales travesuras fueran encantadoras.

Mark también hablaba incesantemente. Yo trataba de recordarle que no estaba bien hablar sin permiso. Sin embargo, lo que me impresionaba era la respuesta sincera que me daba cada vez que lo corregía por no portarse correctamente:

—¡Gracias por corregirme, Hermana!

Al principio no sabía qué hacer al escucharlo, pero poco después me acostumbré a oírlo varias veces al día.

Una mañana estaba perdiendo mi paciencia cuando Mark habló demasiado una vez más. Cometí la equivocación que sólo cometen los maestros principiantes.

—¡Si dices una sola palabra más, voy a taparte la boca con cinta adhesiva! —dije a Mark mientras lo miraba.

No habían pasado ni diez segundos de mi advertencia, cuando Chuck gritó:

—Mark está hablando otra vez.

No había pedido a ninguno de mis estudiantes que me

ayudaran a controlar a Mark, pero —puesto que había establecido el castigo delante de la clase— tenía que actuar de acuerdo.

Recuerdo la escena como si hubiera ocurrido esta mañana. Me dirigí a mi escritorio, muy deliberadamente abrí uno de los cajones, y saqué un rollo de cinta adhesiva. Sin decir una palabra fui al pupitre de Mark, rompí dos pedazos de cinta, hice una X sobre su boca y regresé al frente de la clase.

Cuando eché una mirada a Mark, para ver lo que hacía, me guiñó un ojo. ¡Lo hizo! Comencé a reír al igual que toda la clase, mientras me dirigía al pupitre de Mark, le quité la cinta pegante de la boca y encogí los hombros.

—Gracias por corregirme, Hermana —fueron sus primeras palabras.

Al final del año se me pidió que enseñara matemáticas en penúltimo año de secundaria. Los años pasaron volando, y antes de que me diera cuenta, Mark se encontraba de nuevo en mi clase. Estaba más apuesto y educado que nunca. Puesto que tenía que escuchar cuidadosamente mis instrucciones en las «nuevas matemáticas», él no hablaba tanto como en noveno grado.

Un viernes, las cosas no marchaban muy bien. Habíamos estado estudiando mucho en un nuevo concepto durante toda la semana, y sentía que los estudiantes estaban frustrados consigo mismos e irritables unos con otros. Tenía que detener este estado de malhumor antes de que se me escapara de las manos. Así que les pedí hacer una lista de los nombres de los demás estudiantes en dos hojas de papel, dejando un espacio entre cada nombre. Luego les dije que pensaran en lo más agradable que pudieran decir de cada uno de sus compañeros de clase, y lo escribieran.

Hacer esto tomó el restante tiempo de clase, y a medida que los estudiantes salían del aula me entregaban sus hojas.

Chuck sonrió.

—Gracias por enseñarme, Hermana —dijo Mark—. Que tenga un buen fin de semana.

Ese sábado escribí el nombre de cada estudiante en una hoja separada de papel, e hice una lista de todo lo que los demás habían dicho de él. El lunes di a cada estudiante su lista. Para algunos fueron necesarias dos hojas. Poco tiempo después todos estaban sonriendo.

—¿Verdad? —oí que murmuraban—. ¡Nunca me imaginé que significara algo para alguien! ¡No sabía que los demás me querían tanto!

Nadie mencionó otra vez esos papeles en clase. Nunca supe si hablaron de eso después de clase o con sus padres, pero no importaba. El ejercicio había cumplido su propósito. Los estudiantes estaban felices consigo mismos, y felices unos con otros.

Ese grupo de estudiantes siguió adelante. Varios años más tarde, después de regresar de vacaciones, mis padres fueron a recibirme al aeropuerto. Cuando regresábamos a casa, mi madre me hizo las preguntas de costumbre acerca del viaje: cómo estaba el clima, y mis experiencias en general. Había una ligera y tensa calma en la conversación. Mi madre echó una mirada de reojo a papá, y dijo sencillamente:

—¿Papi? —Papá aclaró la garganta.

—Los Eklunds llamaron anoche —comenzó a decir.

—¿De verdad? —dije. No he oído nada de ellos en varios años. Me pregunto cómo estará Mark.

—Mark murió en Vietnam —dijo. Mañana es el entierro, y sus padres quisieran que tú asistieras.

Hasta el día de hoy puedo recordar exactamente el lugar de la carretera interestatal I-494 donde mi padre me habló de Mark.

Nunca antes había visto a un militar en un féretro. Mark

se veía muy atractivo y maduro. Lo único que se me ocurrió en ese momento fue:

—Mark, daría toda la cinta adhesiva del mundo entero si sólo pudieras hablarme.

La iglesia estaba atestada con los amigos de Mark. La hermana de Chuck cantó: «El himno de Batalla de la República». ¿Por qué tuvo que llover el día del entierro? Era muy difícil estar junto a la tumba. El pastor dijo las oraciones de costumbre, y la corneta tocó silencio. Uno a uno, aquellos que amaban a Mark llegaron por última vez hasta el féretro, y lo rociaron con agua bendita.

Fui la última en bendecir el ataúd. Cuando estaba allí de pie, uno de los soldados que había llevado el paño mortuorio se me acercó.

—¿Era usted la profesora de matemáticas de Mark? —preguntó.

Asentí con la cabeza mientras continuaba mirando fijamente el ataúd.

—Mark hablaba mucho de usted —dijo.

Después del funeral, la mayoría de los antiguos compañeros de Mark se dirigieron a la granja de Chuck para almorzar. El papá y la mamá de Mark estaban allí, obviamente esperándome.

—Queremos mostrarte algo —dijo el papá, sacando una cartera del bolsillo.

Encontraron esto en la ropa de Mark cuando murió. Pensamos que podrías reconocerlo.

Abriendo la billetera removió cuidadosamente dos viejas hojas de papel, a las que se había remendado varias veces con cinta pegante. Al mirarlas supe que eran aquellas en las que yo había enumerado todo lo bueno que cada uno de los amigos de Mark había dicho de él.

—Gracias por hacer eso —dijo la madre de Mark—. Como puedes ver, Mark lo guardaba como un tesoro.

Los compañeros de Mark nos rodearon.

—Todavía tengo mi lista —dijo Chuck sonriendo un poco avergonzado. Está en casa, en el cajón superior de mi escritorio.

—John me pidió poner la suya en nuestro álbum de bodas —dijo su esposa.

—Yo también tengo la mía —dijo Marilyn—. Está en mi diario.

Entonces Vicki, otra compañera de clase, metió la mano en su bolsillo, sacó su cartera y mostró al grupo su lista usada y fragmentada.

—Siempre la llevo conmigo —dijo sin pestañear—. Creo que todos guardamos nuestras listas.

Fue entonces cuando finalmente me senté y lloré. Lloré por Mark y por todos sus amigos, que no lo volverían a ver nunca más.

Helen P. Mrosla

Eres una maravilla

Cada segundo que vivimos es un momento nuevo y único en el universo, un momento que nunca volverá a ser... ¿Y qué enseñamos a nuestros hijos? Les enseñamos que dos más dos son cuatro y que París es la capital de Francia.

¿Cuándo les enseñaremos también lo que son?

Deberíamos decir a cada uno de ellos: ¿Sabes qué eres? Eres una maravilla. Eres único. En todos los años que han pasado nunca ha habido otro niño como tú. Tus piernas, tus brazos, tus ágiles dedos, la manera en que caminas.

Puedes llegar a ser un Shakespeare, un Miguelángel, un Beethoven. Tienes capacidad para cualquier cosa. Sí, eres una maravilla. Y cuando crezcas, ¿podrías entonces causar daño a otro que es, como tú, una maravilla?

Debes trabajar —todos debemos trabajar— para hacer del mundo algo digno de sus hijos.

Pablo Casals

Aprendemos haciendo

Hace pocos años empecé a tocar el violonchelo. La mayoría de personas dirían que lo que estoy haciendo es «aprender a tocar el violonchelo». Pero estas palabras traen a la mente la extraña idea de que existen dos procesos muy diferentes: (1) aprender a tocar el violonchelo; y (2) tocar el violonchelo. Ellos dan a entender que haré el primer proceso hasta que lo haya completado, punto en el cual terminaré el primer proceso y comenzaré el segundo. En resumen, continuaré «aprendiendo a tocar» hasta que haya «aprendido a tocar», y entonces comenzaré a tocar. Por supuesto, esto es una necedad. No hay dos procesos sino uno. Aprendemos a hacer algo haciéndolo. No hay otra manera.

John Holt

La mano

Un día de Acción de Gracias, el editorial de un diario hablaba de una profesora de escuela, que pidió a los alumnos de su clase de primer grado que hicieran un dibujo de algo de lo que estuvieran agradecidos. Pensó en cuán poco estos niños de un vecindario pobre podrían estar agradecidos. Pero sabía que la mayoría de ellos harían dibujos de pavos o de mesas con comida. La profesora se sorprendió del dibujo que le entregó Douglas... una sencilla mano dibujada de manera infantil.

¿Pero, la mano de quién? La clase se sintió atraída por esa imagen abstracta. «Pienso que debe ser la mano de Dios que nos da el alimento», dijo uno de los niños. «Un granjero», dijo otro, «porque cría los pavos». Finalmente, cuando los demás continuaron en sus labores, la profesora se inclinó en el pupitre de Douglas y le preguntó de quién era esa mano. «Es la suya, profesora», murmuró.

Ella recordó que, frecuentemente, en el momento del recreo había tomado de la mano a Douglas, un andrajoso y desamparado muchacho. A menudo hacía esto con los niños. Sin embargo, para Douglas significaba mucho. Quizás eso era todo en lo que podía pensar en el día de Acción de Gracias, no por lo material que se nos da, sino por la oportunidad, en cualquier medida pequeña, de dar a los demás.

Autor desconocido

El pequeñuelo

Una vez un pequeñuelo fue a la escuela.
Era un niño muy pequeño.
Y la escuela era absolutamente grande.
Pero cuando el pequeñuelo
descubrió que podía ir a su clase
entrando por la puerta principal,
se sintió feliz.
Y la escuela nunca más
le pareció demasiado grande.

Una mañana,
cuando el pequeñuelo había estado
en la escuela un buen rato,
la maestra dijo:

—Vamos a dibujar.
—¡Qué bueno! —pensó el pequeñuelo.
Le gustaba dibujar.
Podía dibujar de todo:
Leones y tigres,
pollos y vacas,
trenes y barcos,
así que tomó su caja de crayones

y comenzó a dibujar.

Pero la maestra dijo:
—¡Esperen! ¡No es tiempo de empezar!
Y esperó hasta que todos estuvieran listos.

—Ahora —dijo la maestra—.
Vamos a dibujar flores.
—¡Qué bueno! —pensó el pequeñuelo.
A él le gustaba dibujar flores,
y comenzó a dibujar unas hermosas flores
con sus crayones rosados, anaranjados y azules.

Pero la maestra dijo:
—¡Esperen! Yo les mostraré cómo.
Y dibujó una flor en la pizarra.
Era roja, con tallo verde.
—Aquí la tienen —dijo la maestra—.
Ahora pueden empezar.

El pequeñuelo miró la flor de la maestra.
Entonces miró la suya,
le gustó su flor más que la de la maestra,
pero no dijo nada.
Dio vuelta a su papel
e hizo otra flor como la de la maestra.
Era roja, con tallo verde.

Otro día,
cuando el pequeñuelo había abierto
la puerta principal,
la maestra dijo:
—Hoy vamos a hacer algo con arcilla.
—¡Qué bueno! —pensó el pequeñuelo.
A él le gustaba la arcilla.

Podía hacer toda clase de cosas con arcilla:

Serpientes y muñecos de nieve,
elefantes y ratones,
autos y camiones.
Y comenzó a amasar
su bola de arcilla.

Pero la maestra dijo:
—¡Esperen! ¡No es tiempo de empezar!
Y esperó hasta que todos estuvieran listos.

—Ahora —dijo la maestra—.
Vamos a hacer un plato.
—¡Qué bueno! —pensó el pequeñuelo,
a él le gustaba hacer platos,
y comenzó a hacer algunos
que eran de todas las formas y tamaños.

Pero la maestra dijo:
—¡Esperen! Yo les mostraré cómo.
Ella les mostró cómo hacer
un plato hondo.
—Aquí lo tienen —dijo la maestra—
Ahora pueden empezar.

El pequeñuelo miró el plato de la maestra.
Entonces miró el suyo.
Le gustaba más que el de la maestra
pero no dijo nada,
amasó de nuevo su arcilla en una gran bola,
e hizo un plato parecido al de la maestra.
Era un plato hondo.

Y muy pronto
el pequeñuelo aprendió a esperar
y a observar,
y a hacer las cosas exactamente como la maestra.
Y muy pronto

no volvió a hacer nada por su cuenta.

Entonces aconteció
que el pequeñuelo y su familia
se mudaron a otra casa,
en otra ciudad,
y el pequeñuelo
tuvo que ir a otra escuela.

Esta escuela era aun más grande
que la otra,
y no tenía puerta desde el exterior
directamente a su aula.
Tenía que subir grandes escaleras,
y caminar a lo largo de un pasillo
para llegar a su aula.

Y el primer día
que él estaba allí, la maestra dijo:
—Ahora vamos a dibujar.
—¡Qué bueno! —pensó el pequeñuelo.
Y esperó que la maestra le dijera qué hacer.
Pero la maestra no dijo nada.
Ella sólo se paseaba por el aula.

Cuando llegó a donde el pequeñuelo,
le dijo: —¿No quieres dibujar?
—Sí —dijo el pequeñuelo—.
¿Qué vamos a hacer?
—No lo sé hasta que lo hagas —dijo la maestra.
—¿Cómo lo haré? —preguntó el pequeñuelo.
—De la manera que quieras —dijo la maestra.
—¿Y de qué color? —preguntó el pequeñuelo.
—De cualquier color —dijo la maestra—.
Si todos hicieran el mismo dibujo
y usaran los mismos colores,

¿cómo sabría quién hizo cada uno
y cuál es de cada quién?
—No lo sé —dijo el pequeñuelo.
Y comenzó a hacer flores rosadas,
anaranjadas y azules.

A él le gustaba su nueva escuela,
¡aun cuando no tuviera una puerta
para entrar directamente desde el exterior!

Helen E. Buckley

Soy un maestro

Soy un maestro.

Nací en el instante en que surgió una pregunta de la boca de un niño.

He sido muchas personas en muchos lugares.

Soy Sócrates animando a los jóvenes de Atenas a descubrir nuevas ideas a través de las preguntas.

Soy Anne Sullivan horadando los secretos del universo para ponerlos en la mano extendida de Helen Keller.

Soy Aesop y Hans Christian Andersen revelando la verdad por medio de innumerables narraciones.

Soy Marva Collins peleando por el derecho de todos los niños a la educación.

Soy Mary McCleod Bethune edificando una gran universidad para mi pueblo, usando cajones vacíos de naranjas como pupitres.

Soy Bel Kaufman luchando para ir en contra de la corriente.

Los nombres de quienes practicaron mi profesión han ganado el reconocimiento de la humanidad... Booker T. Washington, Buda, Confucio, Ralph Waldo Emerson, Leo Buscaglia, Moisés y Jesús.

Soy también aquellos cuyos nombres y rostros se han olvidado hace mucho tiempo, pero cuyas lecciones y carácter se recordarán siempre en los logros de sus alumnos.

He llorado de alegría en las bodas de los antiguos alumnos, he reído con regocijo en el nacimiento de sus hijos, y he permanecido con la cabeza inclinada por el dolor y la confusión en las tumbas cavadas demasiado pronto para cuerpos demasiado jóvenes.

En el transcurso de un día se me ha pedido ser actor, amigo, enfermero y médico, entrenador, hallador de objetos perdidos, prestamista, chofer de taxi, psicólogo, padre sustituto, vendedor, político, y defensor de la fe.

Dejando a un lado los mapas, planos, fórmulas, verbos, historias y libros, no he tenido en realidad nada qué enseñar porque mis estudiantes han aprendido por sí mismos, y sé que se necesita el mundo entero para decirte quién eres.

Soy una paradoja. Hablo más alto cuando escucho más. Mis más grandes regalos son lo que quiero recibir, agradecidamente, de mis alumnos.

La riqueza material no es una de mis metas, pero soy un buscador de tesoros de tiempo completo, en mi búsqueda de nuevas oportunidades para que mis estudiantes puedan usar sus talentos, en mi constante búsqueda de esos talentos que a veces yacen enterrados en la autoderrota.

Soy el más afortunado de todos quienes trabajan.

A un médico se le permite traer una vida en un momento mágico. A mí se me permite ver que esa vida renazca día a día con nuevas preguntas, ideas y amistades.

Un arquitecto sabe que si construye con cuidado, su estructura puede permanecer por siglos. Un maestro sabe que si construye con amor y verdad, lo que construya durará para siempre.

Soy un guerrero que batalla diariamente contra la presión de los amigos, de la negatividad, del temor, de la conformidad, de los prejuicios, de la ignorancia y de la apatía. Pero tengo grandes aliados: la inteligencia, la curiosidad, el apoyo de los padres, la individualidad, la creatividad, la fe, el amor y la risa, todos ellos me ayudan a levantar mi bandera con su apoyo insuperable.

¿Y a quién tengo que agradecer esta maravillosa vida que tengo la suerte de experimentar, sino a ustedes el público, los padres. Porque me han concedido el gran honor de confiarme su mayor contribución a la eternidad: sus hijos.

Y de esa manera tengo un pasado rico en recuerdos. Tengo un presente desafiante lleno de aventuras y entretenimiento, porque se me permite emplear mis días en el futuro.

Soy un maestro... y doy gracias a Dios por eso todos los días.

John W. Schlatter

5

VIVE
TUS
SUEÑOS

Quienes dicen que no se puede ha-
cer no deberían interrumpir a los
que lo están haciendo.

¡Creo que puedo!

Si piensas que puedes o piensas que no puedes, tienes razón.

Henry Ford

Rocky Lyons, el hijo de Marty Lyons, defensa central de los Jets de Nueva York, tenía cinco años cuando iba por el campo rural de Alabama con su madre, Kelly. Él dormía en el asiento delantero de la camioneta, con los pies descansando en el regazo de su madre.

Ella guiaba cuidadosamente por la polvorienta carretera rural cuando llegó a un puente angosto. Cuando entró en él la camioneta cayó en un bache y se salió de la carretera, yendo a parar en una cuneta. Temiendo que la camioneta se volcara, ella quiso retroceder violentamente apretando el acelerador mientras daba vuelta al timón hacia la izquierda. Pero la pierna de Rocky quedó atrapada entre el volante y la pierna de su madre, y ella perdió el dominio del vehículo.

La camioneta se volcó y cayó a un barranco de siete metros. Cuando llegó al fondo, Rocky se despertó.

—¿Qué pasó, mamá? —preguntó—. La camioneta está con las ruedas hacia arriba.

Kelly estaba cegada por la sangre. La palanca de cambios se había metido en su cara, abriéndola desde el labio hasta la frente. Tenía las encías destrozadas, las mejillas astilladas y los hombros aplastados. Con uno de los huesos del brazo totalmente dislocado, estaba atrapada contra la retorcida puerta.

—Yo te sacaré, mamá —dijo Rocky, quien había escapado milagrosamente ileso. Se deslizó por debajo de Kelly, se arrastró por la ventana abierta y trató de empujar a su madre para liberarla. No se movió.

—Sólo déjame dormir —imploró Kelly, quien estaba a punto de quedar inconsciente.

—No, mamá —insistió Rocky— no puedes dormirte.

Rocky volvió a entrar a la camioneta y se las arregló para sacar a Kelly de la chatarra. Le dijo entonces que subiría a la carretera, y pararía en busca de ayuda al primer auto que pasara. Temiendo que nadie pudiera ver a su hijito en la oscuridad, rehusó a dejarlo ir solo. En vez de eso los dos treparon lentamente el terraplén, Rocky con sus escasos veinte kilos empujaba los casi cincuenta de su madre. Se movían sólo unos centímetros cada vez. El dolor era tan grande, que Kelly quería darse por vencida, pero Rocky no lo permitía.

Para exhortar a su madre a continuar, Rocky le dijo que pensara «acerca del trencito» en el cuento clásico para niños *The Little Engine That Could* [La pequeña locomotora que pudo], que logró trepar una montaña inclinada. Para recordársela Rocky repetía su versión de la frase inspiracional de la historia: «Sé que puedes, sé que puedes».

Cuando finalmente llegaron a la carretera Rocky pudo ver claramente la cara destrozada de su madre por primera vez. Y rompió en llanto.

—¡Deténgase! ¡Por favor, deténgase! —suplicaba mientras agitaba los brazos para hacer que un camión se detuviera.

—Lleve a mi madre al hospital —imploró al conductor.

Tomó ocho horas y 344 puntos reconstruir la cara de Kelly. Ahora ella luce muy diferente:

—Yo tenía la nariz larga y recta, labios delgados y pómulos salientes; ahora tengo la nariz chata, pómulos planos y labios mucho más grandes —dice, pero tiene pocas cicatrices visibles, y se ha recuperado de sus heridas.

La heroica hazaña de Rocky fue la gran noticia. Sin embargo, el valeroso niño insiste en que no hizo nada extraordinario.

—No es nada que yo quise que sucediera —explica— hice sencillamente lo que cualquiera hubiera hecho.

—Si no fuera por Rocky, hubiera muerto desangrada —dice su madre.

Escuchado por primera vez de
Michele Borba

Descanse en paz:
el funeral del «no puedo»

La clase de cuarto grado de Donna se parecía a muchas otras que había visto en el pasado. Los alumnos se sentaban en cinco filas de seis pupitres. El escritorio de la maestra estaba frente a los estudiantes. El tablero exhibía el trabajo de los alumnos. En muchos aspectos parecía ser un tradicional y típico salón de clases de una escuela primaria. Sin embargo, algo parecía diferente el día en que entré por vez primera. Se podía notar un ambiente fuera de lo común.

Donna era una veterana maestra escolar de un pueblo de Michigan, y estaba a sólo dos años de jubilarse. Era además participante voluntaria en un proyecto de desarrollo para el personal de todo el condado que yo había organizado y facilitado. El entrenamiento se concentraba en ideas para habilidades del lenguaje que capacitarían a los estudiantes a sentirse mejor acerca de sí mismos, y a ser responsables de sus vidas. La labor de Donna era asistir a las sesiones de entrenamiento e implementar los conceptos que se presentaban. Mi trabajo era hacer visitas a las clases y estimular la comunicación.

Me senté en la parte posterior del aula y observé. Todos

los estudiantes estaban absortos en una tarea: llenaban una hoja de cuaderno con pensamientos e ideas. La alumna de diez años que estaba cerca de mí llenaba su página de varios «no puedo».

«No puedo patear la pelota de fútbol hasta la segunda base».

«No puedo hacer divisiones largas con más de tres numerales».

«No puedo lograr gustarle a Debbie».

Su página estaba a medio llenar, y ella no daba señales de que había terminado. Continuó su trabajo con determinación y persistencia.

Caminé por el aula observando los papeles de toda la hilera de estudiantes. Cada uno escribía oraciones en las que describían lo que no podían hacer.

«No puedo hacer diez flexiones».

«No puedo batear la pelota más allá de la cerca del campo izquierdo».

«No puedo comer sólo una galleta».

Para ese momento la actividad había picado mi curiosidad, así que decidí hablar con la maestra para ver qué era lo que sucedía. Cuando me aproximaba noté que también ella estaba ocupada escribiendo. Sentí que lo mejor era no interrumpirla.

«No puedo lograr que la madre de John asista a una reunión de padres de familia»

«No puedo lograr que mi hija ponga gasolina al automóvil».

«No puedo conseguir que Alan use palabras en vez de amenazas con el puño».

Viendo frustrados mis esfuerzos de determinar por qué la maestra y los alumnos estaban metidos en lo negativo, en lugar de escribir la más positiva afirmación «puedo», regresé a mi asiento y continué mis observaciones. Los estudiantes escribieron durante diez minutos más. La mayoría llenó su página. Algunos empezaron otra.

—Terminen la que están escribiendo, y no comiencen una nueva hoja —fueron las instrucciones que dio Donna para que finalizara la actividad. Dijo entonces a los estudiantes que doblaran sus hojas por la mitad, y las llevaran al frente. Y a medida que llegaban al escritorio de la maestra colocaban sus declaraciones de «no puedo» en una vacía caja de zapatos.

Cuando se reunieron todas las hojas de los estudiantes, Donna añadió la suya. Puso la tapa sobre la caja, la colocó bajo el brazo, se dirigió hacia la puerta y salió al pasillo. Los estudiantes siguieron a la maestra, y yo seguí a los estudiantes.

La procesión se detuvo en medio del pasillo. Donna entró al cuarto del vigilante, hurgó alrededor y salió con una pala. Con la pala en una mano y la caja en la otra dirigió a los estudiantes fuera de la escuela, hasta la esquina más lejana del patio de juego. Allí comenzaron a cavar.

¡Iban a enterrar sus «no puedo». Cavar el agujero les llevó más de diez minutos porque la mayoría de los alumnos quería participar. Dejaron de cavar cuando el hueco tuvo cerca de un metro de profundidad. Colocaron la caja de los «no puedo» en el fondo del hoyo, y rápidamente la cubrieron con tierra.

Treinta y un muchachos de diez y once años, y la maestra permanecieron alrededor de la tumba. Cada uno tenía una hoja llena de «no puedo» dentro de la caja, un metro bajo tierra.

—Niños y niñas, por favor tómense de las manos e inclinen la cabeza —anunció Donna en ese momento.

Los estudiantes obedecieron. Tomados de la mano formaron rápidamente un círculo alrededor de la tumba. Inclinaron las cabezas y esperaron. Donna dio el panegírico.

—Amigos, nos reunimos ahora para honrar la memoria de «no puedo». Mientras vivió con nosotros en la tierra tocó las vidas de todos, y a unos más que a otros. Desgraciadamente su nombre se ha pronunciado en cada edificio público: escuelas, concejo municipal, capitolios del estado y hasta en la Casa Blanca.

»Hemos provisto a "no puedo" un lugar final de descanso, y una lápida que contiene su epitafio. Quedan vivos sus hermanos "Puedo" y "Podré", y su hermana "Lo haré inmediatamente". Ellos no son tan conocidos como su famoso pariente, y con certeza no son tan fuertes ni poderosos. Quizás algún día, con la ayuda de todos vosotros, causarán mayor influencia en el mundo.

»Que "no puedo" descanse en paz, y todos los aquí presentes vivan sus vidas y sigan adelante en su ausencia. Amén.

Mientras escuchaba el panegírico me di cuenta de que estos estudiantes jamás olvidarían este día. La actividad era simbólica, una metáfora para la vida. Era una experiencia cerebral que quedaría grabada en la mente consciente e inconsciente para siempre.

Escribir los «no puedo», enterrarlos y oír el panegírico. Esa fue una campaña muy importante por parte de esta maestra. Pero aun no había terminado. Cuando concluyó el panegírico llevó a los estudiantes de vuelta al aula y tuvieron un velorio.

Celebraron la muerte de «no puedo» con galletas, rosetas de maíz y jugo de frutas. Como parte de la celebración Donna hizo una gran lápida de cartulina. Escribió «no puedo» en la parte superior, y RIP en el medio. Agregó la fecha en la última línea.

La lápida de cartulina estuvo colgada en la pared de la clase de Donna por el resto del año. En alguna rara ocasión, cuando un estudiante se olvidaba y decía: «No puedo...»

Donna sencillamente señalaba la lápida que colgaba de la pared. Entonces el estudiante recordaba que «no puedo» había muerto, y rectificaba la frase.

Yo no era uno de los alumnos de Donna. Ella era alumna mía. Sin embargo, ese día aprendí una inolvidable lección de su parte.

Ahora, varios años después, cuando oigo la frase «no puedo» vienen a mi mente las imágenes de ese entierro de cuarto grado. Al igual que los estudiantes, recuerdo que «no puedo» está muerto.

Chick Moorman

La historia número 333

Estaba dictando un seminario de fin de semana en el Hotel Deerhurst Lodge, al norte de Toronto. Un viernes en la noche un tornado barrió con un pueblo llamado Barry, al norte de nosotros, matando docenas de personas y causando millones de dólares en pérdidas. El sábado por la noche, al regresar a casa, detuve el auto cuando llegué a Barry. Salí de la carretera y di una mirada. Todo era un desastre. Por donde miraba había casas aplastadas y autos volteados.

Esa misma noche Bob Templeton conducía por la misma carretera. Se detuvo a observar el desastre, tal como yo lo hice, sólo que sus pensamientos fueron diferentes de los míos. Bob era vicepresidente de Telemedia Communications, que posee una cadena de estaciones de radio en Ontario y Quebec. Pensó que se podría hacer algo por esas personas a través de las estaciones de radio que manejaba.

La noche siguiente yo dictaría otro seminario en Toronto. Bob Templeton y Bob Johnson, otro vicepresidente de Telemedia, asistieron y permanecieron de pie en la parte posterior del salón. Hablaron de su convicción de que había algo que se podía hacer por la gente de Barry. Después del seminario regresamos a la oficina de Bob. Ahora él estaba obsesionado con la idea de ayudar a los damnificados del tornado.

El viernes siguiente hizo ir a su oficina a los ejecutivos de Telemedia. En la parte superior de un cuadro de estadísticas escribió: 333.

—¿Les gustaría levantar tres millones de dólares, tres días a partir de hoy y sólo en tres horas, y dar el dinero a la los damnificados de Barry? -dijo a sus ejecutivos.

Sólo había silencio en la habitación.

—Templeton, estás loco. No hay manera de hacer eso —dijo finalmente uno de ellos.

—Espera —dijo Bob—. No pregunté si *podíamos*, ni siquiera si *debíamos*. Sólo pregunté si les gustaría hacerlo.

—Claro que sí, nos *gustaría* hacerlo —dijeron al unísono.

Entonces él dibujó una gran T bajo el 333. Al lado izquierdo escribió: «Por qué no podemos». Y en el otro lado: «Cómo podemos».

—Voy a poner una gran X en el lado «Por qué no podemos». No vamos a gastar tiempo hablando acerca de por qué no podemos. No tiene ningún valor. En el otro lado vamos a escribir todas las ideas que vengan a nuestra mente sobre cómo podemos. No vamos a salir de esta oficina hasta que no tengamos una idea.

El silencio volvió a hacerse presente.

—Podríamos hacer un programa de radio en todo el Canadá —se atrevió a decir alguien.

—Esa es una excelente idea —dijo Bob.

—No puedes hacer un programa de radio en todo el Canadá. No tenemos estaciones de radio en toda la nación —dijo otro antes de que Bob hubiera podido escribir la proposición.

Esa era una objeción válida puesto que sólo tenían estaciones en Ontario y Quebec.

—Esa es la razón por la que podemos. Se acepta —replicó Templeton.

Sin embargo, esta era una objeción verdaderamente fuerte debido a que las estaciones de radio son muy competitivas. Por lo general no trabajan juntas, y conseguir que lo hagan es virtualmente imposible de acuerdo a la manera corriente de pensar.

—Podrías conseguir que Harvey Kirk y Lloyd Robertson, los nombres más célebres de la televisión canadiense, dirigieran el programa —sugirió alguien de repente.

Eso sería como conseguir que Tom Brokaw y Sam Donaldson se hicieran cargo del programa. Ellos son animadores de televisión. No tienen nada que ver con la radio. Sin embargo, en este momento estaban absolutamente sorprendidos de cuán rápido comenzaban a fluir las ideas creativas.

Eso fue un viernes. El martes siguiente tuvieron un «radiotón». Tenían cincuenta estaciones de radio por todo el país que aceptaron hacer cadena. No importaba tanto quién se llevara el crédito, como hacer que el pueblo de Barry tuviera el dinero. Harvey Kirk y Lloyd Robertson dirigieron el programa, ¡y tuvieron éxito al recaudar tres millones de dólares en tres horas en un plazo de tres días de trabajo!

Como ves, puedes hacer lo que sea si centras tu atención en cómo hacerlo, y no en por qué no puedes hacerlo.

Bob Proctor

Pide, pide, pide

A la más grande vendedora del mundo en la actualidad no le importa si la llamas una niña. Esto se debe a que Markita Andrews ha generado más de ochenta mil dólares, vendiendo galletas de las Niñas Exploradoras desde que tenía siete años de edad.

Yendo de puerta en puerta después de la escuela, la penosa y tímida Markita se transformó en una dinámica vendedora de galletas cuando a la edad de trece años descubrió el secreto de vender.

Esto comienza con un deseo. Un ardiente y abrasador deseo.

Para Markita y su madre, quien trabajaba como mesera en Nueva York después de que su esposo la abandonara cuando la niña tenía ocho años, su sueño era viajar por el mundo.

—Trabajaré mucho para ganar suficiente dinero y enviarte a la universidad —le dijo un día su madre—. Irás a la universidad, y cuando te gradúes ganarás suficiente dinero para que tú y yo hagamos un viaje alrededor del mundo. ¿Estás de acuerdo?

Así que a la edad de trece años, cuando Markita leyó en la revista de las Niñas Exploradoras que la niña que

vendiera más galletas ganaría un viaje con todos los gastos
pagados, decidió vender todas las galletas que pudiera:
más galletas de las Niñas Exploradoras que nadie en el
mundo hubiera vendido jamás.

Pero el solo deseo no es suficiente. Para hacer que su
sueño se convirtiera en realidad, Markita sabía que necesitaba un plan.

—Vístete siempre adecuadamente, ¡luce tu garbo profesional —le aconsejó su tía—. Cuando estés haciendo negocios viste como quienes hacen negocios. Usa tu uniforme
de Niña Exploradora. Cuando visites a la gente en sus
viviendas de 4:30 a 6:30, y especialmente los viernes en la
noche, espera un gran pedido. Sonríe siempre, ya sea que
compren o no, sé siempre simpática. Y no les pidas que
compren las galletas, pídeles que inviertan.

Muchas otras Niñas Exploradoras pueden haber querido
ese viaje alrededor del mundo. Muchas de ellas pueden
haber tenido un plan. Pero únicamente Markita salió con
su uniforme cada día, lista para pedir —y continuar pidiendo— a las personas que invirtieran en su sueño.

—Hola. Tengo un sueño. Me estoy ganando un viaje
alrededor del mundo para mí y mi madre, vendiendo galletas de las Niñas Exploradoras —decía en la puerta— ¿Quisiera invertir en una o dos docenas de cajas de galletas?

Markita vendió 3.526 cajas de galletas ese año, y ganó
su viaje alrededor del mundo. Desde entonces ha vendido
más de 42 mil cajas de galletas, ha hablado en convenciones de ventas de todo el país, protagonizó una película de
Disney acerca de su aventura, y ha sido coautora del éxito
de librería *How to Sell More Cookies, Condos, Cadillacs,
Computers... And Everything Else* [Cómo vender más
galletas, apartamentos, Cadillacs, computadoras... y cualquier cosa].

Markita no es más inteligente ni más extrovertida que

miles de otras personas, tanto jóvenes como viejos, con
sueños propios. La diferencia es que Markita descubrió el
secreto de vender: ¡Pide, pide, pide! Muchos fracasan
antes de comenzar debido a que fracasan en *pedir* lo que
quieren. El temor al rechazo nos conduce a muchos a re-
chazarnos a nosotros mismos, y a rechazar nuestros sueños
mucho tiempo antes de que otro tenga la oportunidad, sin
importar qué vendamos.

Y todos vendemos algo.

—Cada día te vendes a ti mismo: en la escuela, a tu jefe,
a quienes conoces —dijo Markita a los catorce años—. Mi
madre es mesera, vende el especial del día. Al tratar de
conseguir votos, los alcaldes y presidentes están vendiendo... Uno de mis maestros favoritos fue la señora
Chapin. Ella hizo interesante la geografía, y eso es realmente vender... Veo vender dondequiera que miro. Vender es parte del mundo entero.

Se necesita valor para pedir lo que quieres. Valor no es
la ausencia de temor. Es hacer lo que hay que hacer a
pesar del temor. Y como descubrió Markita: mientras tú
más pides, más fácil y más entretenido se te hace pedir.

Una vez en un programa televisivo en vivo, el produc-
tor lanzó a Markita su más difícil reto de ventas. Se le
pidió que vendiera sus galletas a otro invitado al programa.

—¿Le gustaría invertir en una o dos docenas de cajas de
galletas de las Niñas Exploradoras? —preguntó.

—¡¿Galletas de las Niñas Exploradoras?! ¡Yo no compro
ninguna galleta! —replicó él—. Soy guardián de la peniten-
ciaría federal. Envío a dormir cada noche a dos mil vio-
ladores, ladrones, criminales, atacadores y abusadores de
niños.

—Señor, si compra algunas de estas galletas —respondió
Markita impasible— tal vez no sería tan mezquino ni

gruñón ni malo. Y pienso que sería una buena idea llevar algunas a cada uno de sus dos mil prisioneros.

Markita pidió.

El guardián le giró un cheque.

Jack Canfield y Mark V. Hansen

¿Se movió la tierra por ti?

A Ángela, de once años, la afligía una debilitante enfermedad del sistema nervioso. No podía caminar, y todos sus movimientos estaban también limitados de otras maneras. Los médicos no alentaban muchas esperanzas en cuanto a su recuperación de esta enfermedad. Predijeron que pasaría el resto de su vida en una silla de ruedas. Dijeron que pocos —quizás ninguno— podían volver a la vida normal después de contraer esta enfermedad. La niña estaba impertérrita. Allí acostada en su cama de hospital juraría a cualquiera que quisiera escucharla, que algún día volvería a caminar de nuevo.

Se la transfirió a un hospital en el sector de la Bahía de San Francisco, especializado en rehabilitación. Se le aplicaron todas las terapias disponibles para un caso como el suyo. Los terapistas estaban encantados por su indomable espíritu. Le enseñaron a *imaginarse* a sí misma caminando. No pasaría nada más, pero por lo menos le daría esperanza en algo positivo qué hacer durante esas largas y tediosas horas en cama. Ángela trabajaría tan duro como fuera posible en terapia física, piscinas de masajes y sesiones de ejercicios. Pero trabajaba igualmente duro allí, acostada, forjándose fielmente su imagen, ¡visualizándose a sí misma moviéndose, moviéndose, moviéndose!

Un día, mientras se esforzaba en imaginar sus piernas en movimiento otra vez, pareció que sucedió un milagro: ¡La cama se movió! ¡Comenzó a moverse alrededor de la habitación! Ella gritó: «¡Miren lo que estoy haciendo! ¡Miren! ¡Miren! ¡Puedo hacerlo! *¡Me moví!*»

Por supuesto, en ese instante todo el mundo en el hospital también estaba gritando y corriendo para ponerse a salvo. Las personas gritaban, los equipos médicos caían y los vidrios se rompían. Como puedes ver, era el reciente terremoto de San Francisco. Pero no le digas eso a Ángela. Está convencida de que fue ella quien lo hizo. Y ahora, sólo unos años después, está de vuelta en la escuela. Parada en sus dos piernas, sin muletas y sin silla de ruedas. Como ves, cualquiera que puede causar un terremoto entre San Francisco y Oakland puede conquistar una insignificante enfermedad, ¿no es así?

Hanoch McCarty

La calcomanía de parachoques de Tommy

Un niño de nuestra iglesia en Huntington Beach se me acercó después de que me escuchó hablar respecto del Banco de los Niños.

—Mi nombre es Tommy Tighe, tengo seis años de edad, y quiero conseguir dinero prestado de su banco para niños —dijo mientras estrechaba mi mano.

—Tommy, esa es una de mis metas, prestar dinero a los niños. Y puesto que todos los niños han pagado, ¿qué quieres hacer? —dije.

—Cuando tenía cuatro años tuve la visión de que podría traer paz al mundo. Quiero hacer una calcomanía de parachoques que diga: «¡PAZ, POR FAVOR! HÁGANLO POR NOSOTROS LOS NIÑOS», firmado «Tommy» —contestó el niño.

—Yo te puedo ayudar —dije.

Él necesitaba $454 para producir mil calcomanías. El Fondo Mark Victor Hansen para la Libre Empresa de los Niños giró un cheque para el impresor que produjo las calcomanías.

—Si él no pagara el préstamo, ¿rematarías su bicicleta?

—me susurró al oído el padre de Tommy.

—No te preocupes, sé realista —le respondí— cada niño nace con honestidad, moralidad y ética. Se les debe enseñar algo más. Creo que Tommy nos pagará.

Si tienes un niño de más de nueve años, déjale que trabaje por dinero para alguien honrado, moral y ético, y así aprenderá el principio a temprana edad.

Dimos a Tommy una copia de todos mis casetes, los escuchó veintiún veces cada uno y se apropió del mensaje.

—Empieza siempre vendiendo por lo alto —decía en una parte de las lecciones. Tommy convenció a su padre de que lo llevara hasta la casa de Ronald Reagan. Tocó el timbre, y salió el mayordomo. El niño hizo una irresistible presentación de ventas acerca de su calcomanía, que duró dos minutos.

El mayordomo metió la mano en el bolsillo y dio a Tommy $1,50.

—Aquí tienes. Yo quiero una. Espera un momento y llamaré al señor expresidente —dijo.

—¿Por qué le pediste que comprara? —le pregunté al niño.

—Tú dijiste en los casetes que hay que pedir a todos que compren —contestó.

—Así es, así es. Yo soy el culpable —dije.

Envió una de sus calcomanías a Mikhail Gorbachev con una factura por $1,50 en dinero estadounidense. Gorbachev le envió $1,50 y una fotografía que decía: «Lucha por la paz, Tommy», y la firmaba: «Mikhail Gorbachev, Presidente».

—Te daré quinientos dólares por el autógrafo de Gorbachev —dije a Tommy, puesto que colecciono autógrafos.

—No gracias, Mark —fue su respuesta.

—Tommy, yo poseo varias compañías, cuando seas más grande quisiera contratarte —le dije.

—¿Estás bromeando? —contestó—. Cuando sea grande yo te voy a contratar a ti.

La edición dominical del *Orange County Register* dedicó una sección a la historia de Tommy, al Banco para la Libre Empresa en los Niños, y a mi persona. Marty Shaw, el periodista, entrevistó a Tommy por seis horas, y logró una entrevista extraordinaria. Marty preguntó a Tommy cuál pensaba que sería su influencia en la paz del mundo.

—Pienso que no soy todavía lo suficientemente grande —respondió Tommy—, creo que uno debería tener ocho o nueve años para detener todas las guerras del mundo.

—¿Cuáles son tus héroes? —preguntó Marty.

—Papá, George Burns, Wally Joiner y Mark Victor Hansen —contestó.

Tommy tenía buen gusto para escoger sus modelos.

Tres días después recibí una llamada de la compañía de tarjetas Hallmark. Un socio de su empresa les había enviado por fax una copia del artículo en el *Register*. Tenían una convención en San Francisco, y querían que Tommy hablara en ella. Después de todo descubrieron que Tommy tenía nueve metas para sí mismo:

1. Pedir cotización.
2. Hacer imprimir las calcomanías.
3. Hacer un plan para un préstamo.
4. Encontrar la manera de decirlo a los demás.
5. Conseguir la dirección de los líderes.
6. Escribir una carta a todos los presidentes y líderes de otros países, y enviarles una calcomanía gratis.
7. Hablar a todos acerca de la paz.
8. Llamar al periódico y contar lo relacionado con mi negocio.
9. Tener una charla en mi escuela.

Hallmark quería que mi empresa *Mira Quién Está Hablando* auspiciara a Tommy para que hablara. Aunque la charla no se llevó a cabo debido a que las dos semanas eran poco tiempo, las negociaciones entre Hallmark, Tommy y yo fueron agradables, estimulantes y poderosas.

Joan Rivers llamó a Tommy Tighe para invitarlo a su programa sindicalizado de televisión. Igualmente alguien envió a Joan una copia de la entrevista de Tommy en el *Register*.

—Tommy —dijo Joan— soy Joan Rivers, y quiero que estés en mi programa de televisión que lo ven millones de personas.

—¡Fantástico! —dijo Tommy. Él no la podía distinguir de una botella de jarabe Vicks.

—Te pagaré trescientos dólares —agregó Joan.

—¡Extraordinario! —dijo Tommy.

Como había escuchado repetida y cuidadosamente mis casetes *Sell Yourself Rich* [Véndete bien a ti mismo], Tommy se continuó vendiendo a Joan:

—Tengo solamente ocho años, así que no puedo ir solo. ¿Puedes encargarte de que mi mamá vaya conmigo?

—¡Sí! —replicó Joan.

—A propósito, viendo el programa *Lifestyles of the Rich and Famous* [Cómo viven los ricos y famosos] decía que hay que hospedarse en el Hotel Trump Plaza cuando uno va a Nueva York. ¿Puedes hacer que eso suceda, Joan?

—Sí —contestó ella.

—El programa también dijo que cuando se está en Nueva York se debe visitar el Empire State y la estatua de la Libertad. ¿Nos puedes conseguir entradas?

—Sí...

—Maravilloso. ¿Te dije que mamá no maneja? Por lo tanto, podemos usar tu limusina, ¿no es así?

—Seguro —dijo Joan.

Tommy asistió al *Joan Rivers Show* y cautivó a Joan, a los camarógrafos y a la audiencia en vivo de la televisión. Estaba muy apuesto, interesante, auténtico y con mucha iniciativa. Contó historias tan cautivantes y persuasivas, que toda la audiencia sacaba dinero de sus carteras para comprar calcomanías allí mismo.

—Tommy, ¿crees realmente que tu calcomanía logrará la paz en el mundo? —le preguntó Joan al final del programa inclinándose hacia él.

—Lo creo tanto, que en sólo dos años de tenerla ya cayó el muro de Berlín. Lo estoy haciendo bastante bien, ¿no lo crees?

Mark V. Hansen

A la fecha en que se escribió este libro en inglés, Tommy había vendido dos mil quinientas calcomanías, y pagado su préstamo de $454 al Banco Mark Victor Hansen para el Desarrollo de la Libre Empresa Infantil. Si quieres obtener una calcomanía envía $ 3.00 a Tommy Tighe, 17283 Ward Street, Fountain Valley, CA 92708.

Si no pides no recibes, pero si lo haces recibes

Mi esposa Linda y yo vivimos en Miami, Florida. Cuando acabábamos de iniciar nuestro programa de entrenamiento sobre autoestima, llamado La Pequeña Bellota, para enseñar a los niños cómo decir no a las drogas, a la promiscuidad sexual y a otras conductas destructivas, recibimos un boletín para una conferencia educacional en San Diego. Al leerlo y darnos cuenta de que muchas personas importantes irían a estar allí, comprendimos que teníamos que asistir. Sin embargo no sabíamos cómo, ya que estábamos comenzando, trabajábamos fuera del hogar, y habíamos gastado todos nuestros ahorros en las primeras etapas del programa. No había manera de que pudiéramos conseguir los pasajes aéreos o cubrir cualquiera de los demás gastos. Pero sabíamos que teníamos que estar allí, así que comenzamos a pedir.

Lo primero que hice fue llamar a los coordinadores de la conferencia en San Diego, explicarles por qué debíamos estar allí, y pedirles que nos obsequiaran dos entradas a la conferencia. Cuando les expliqué nuestra situación, lo que estábamos haciendo y por qué deberíamos estar allí, aceptaron. Así que ya teníamos las admisiones.

—Linda, ya podemos ir a la conferencia puesto que conseguí las entradas —dije a mi esposa.

—¡Fantástico! —comentó ella—. Pero estamos en Miami, y la conferencia es en San Diego. ¿Qué haremos ahora?

—Tenemos que conseguir transporte —dije.

Llamé a Northeast Airlines, una aerolínea que estaba bien en ese tiempo. La mujer que contestó resultó ser la secretaria del presidente, así que le dije lo que necesitaba. Me conectó directamente con su jefe, Steve Quinto. Le expliqué que había hablado con los directores de la conferencia en San Diego, que nos habían dado admisiones, pero que no teníamos medios para ir allá, y que le pedía el favor de que me donara dos pasajes de ida y vuelta desde Miami hasta San Diego.

—Por supuesto, cuente con ellos —fue su sencilla y amable respuesta.

Fue algo tan rápido, que lo que dijo después me asombró:

—Gracias por pedir.

—¿Cómo dice? —repliqué.

—No tengo muy a menudo la oportunidad de hacer lo mejor que puedo por el mundo, a menos que alguien me lo pida. Lo mejor que puedo hacer es darme a mí mismo, y usted me ha pedido eso. Esta es una magnífica oportunidad y quiero agradecerle.

Yo estaba sorprendido, pero le agradecí y colgué el teléfono.

Miré a mi esposa.

—Querida, ya tenemos los pasajes aéreos —le dije.

—¡Magnífico! ¿Y dónde vamos a alojarnos? —replicó ella.

Llamé enseguida al Holiday Inn del centro de Miami, y pregunté dónde quedaban sus oficinas principales. Me dijeron que estaban en Memphis, Tennessee, así que llamé allí y ellos me pusieron en contacto con quien debía hablar. Era alguien en San Francisco. Controlaba todos los hoteles de la cadena en California. Le expliqué que me habían donado los pasajes aéreos y pedí que nos ayudara con el alojamiento por tres días. Me preguntó si estaría bien que nos alojara en el nuevo hotel del centro de San Diego como sus invitados.

—Sí, sería excelente —respondí.

—Espere un momento —continuó—. Debo advertirle que el hotel queda a treinta y cinco millas del recinto universitario en que se llevará a cabo la conferencia, y que tendrán que arreglárselas para llegar allí.

—Me imagino que tendré que comprar un caballo —dije, agradeciendo su generosidad.

Colgué y me dirigí a Linda:

—Querida, tenemos las admisiones, los pasajes aéreos y un lugar dónde quedarnos. Lo que ahora necesitamos es un medio de transporte para ir del hotel al lugar de la conferencia dos veces al día.

Enseguida llamé a National Car Rental, les conté la historia y les pregunté si podían ayudarme.

—¿Estaría bien un Oldsmobile del año? —fue la respuesta que tuve, y dije que estaría bien.

Resolvimos todo en un solo día.

Tuvimos que comprar algunas de nuestras comidas, pero antes de que terminara la conferencia, me levanté y conté esta historia en una de las asambleas generales.

—Quedaríamos altamente agradecidos a quien quiera invitarnos a almorzar ahora —dije.

Cerca de cincuenta personas se ofrecieron, así que también pudimos conseguir algunas de las comidas.

Pasamos momentos maravillosos, aprendimos mucho y conocimos a seres como Jack Canfield, quien todavía está en nuestra junta consultiva. Tan pronto volvimos a casa lanzamos el programa que ha crecido alrededor de cien por ciento cada año. En junio pasado graduamos nuestra familia número 2.250 en el entrenamiento La Pequeña Bellota. También habíamos tenido dos grandes conferencias para educadores llamadas *Making The World Safe For Children* [Hagamos un mundo seguro para los niños], a las que hemos invitado a personas de todo el mundo. Miles de educadores han venido para obtener ideas acerca del entrenamiento de autoestima en sus clases, mientras enseñan la tres R.

La última vez que presentamos la conferencia, invitamos a educadores de ochenta y un países. Diecisiete enviaron representantes, entre ellos algunos ministros de educación. Además se nos ha invitado para llevar nuestro programa a Rusia, Ucrania, Bielorrusia, Gelaruth, Kazagstán, Taiwán, Islas Cook y Nueva Zelandia.

Como ves, tú puedes lograr lo que quieras si tan sólo pides a suficientes personas.

Rick Gelinas

La búsqueda de Rick Little

Eran las cinco de la mañana cuando Rick Little se durmió sobre el volante de su automóvil, rodó por un terraplén de cuatro metros y se estrelló contra un árbol. Los seis meses siguientes estuvo en tratamiento de tracción para la lesionada columna vertebral. Tuvo mucho tiempo para pensar detenidamente en su vida, algo para lo que sus trece años de educación no lo habían preparado. Sólo dos semanas después de que saliera del hospital regresó a casa una tarde, para encontrar que su madre yacía inconsciente en el piso debido a una sobredosis de pastillas para dormir. Se enfrentó de nuevo con lo inadecuado de su educación formal, en prepararlo para tratar con los problemas emocionales y sociales de la vida.

En los meses siguientes Rick comenzó a dar forma a una idea: el desarrollo de un curso que equipara a los estudiantes con amor propio, con habilidades de relación y con habilidades para resolver conflictos. Pensando e investigando lo que debía contener el curso, se topó con un estudio del Instituto Nacional de Educación en el cual se había preguntado a mil personas de treinta años, si creían que su educación secundaria los había equipado con las habilidades que necesitaban para enfrentar el mundo real. Más de 80%

respondió: «De ninguna manera».

Se les preguntó también qué habilidades quisieran ahora que se les hubiera enseñado entonces. Las respuestas principales tenían que ver con las habilidades de relacionarse: cómo llevarse mejor con quienes se vive. Cómo encontrar y mantener un empleo. Cómo manejar los conflictos. Cómo ser un buen padre. Cómo entender el desarrollo normal de un niño. Cómo manejar la economía. Cómo descubrir el significado de la vida.

Inspirado por su visión de crear una clase que enseñara todo esto, Rick abandonó sus estudios universitarios y fue por todo el país entrevistando estudiantes de secundaria. En su búsqueda de información sobre lo que debía incluir el curso, hizo estas dos preguntas a más de dos mil estudiantes de ciento veinte colegios de secundaria:

1. Si fueras a desarrollar un programa para tu colegio que te ayudara a sobrellevar lo que ahora enfrentas y lo que enfrentarás en el futuro, ¿qué deberías incluir en él?

2. Enumera los diez mayores problemas de tu vida que te gustaría que se trataran más efectivamente en el hogar y en el colegio.

Sea que los estudiantes pertenecieran a colegios privados de clase alta, de áreas marginadas de la ciudad, o de áreas rurales o urbanas, las respuestas fueron sorprendentemente las mismas. La soledad y el desagrado por ellos mismos encabezaban la lista de problemas. Además, la lista de las habilidades que les gustaría que se les enseñara era igual a la de las personas de treinta años.

Rick durmió en su automóvil durante dos meses, viviendo con un total de sesenta dólares. Su alimentación consistía la mayor parte de las veces de galletas y mantequilla de maní. Algunos días no comía nada. Tenía muy pocos recursos, pero estaba comprometido con su sueño.

El paso siguiente fue hacer una lista de los educadores y líderes nacionales en consejería y psicología. Se propuso visitarlos a cada uno de los que estaban en la lista para pedirles su experiencia y apoyo. Aunque se impresionaron por su método de preguntar directamente a los estudiantes lo que querían aprender, le ofrecieron poca ayuda.

—Eres demasiado joven. Regresa a la universidad. Obtén tu diploma. Haz una especialización y luego puedes perseguir ese objetivo.

Eran menos que animadores.

Sin embargo Rick persistió. Cuando cumplió veinte años había vendido su auto y su ropa, había pedido dinero prestado a sus amigos y debía $32.000. Alguien le sugirió que fuera a una fundación y pidiera dinero.

Su primera cita con una fundación local fue una gigantesca desilusión. Cuando entró a la oficina, Rick literalmente temblaba de miedo. El vicepresidente de la fundación era un gigantesco hombre de pelo negro y ceño fruncido. Por media hora estuvo sentado sin pronunciar una palabra, mientras Rick derramaba su corazón por la boca. Hablaba de los dos mil muchachos y de los planes para una nueva clase de curso para los estudiantes de secundaria.

A medida que hablaba, el vicepresidente empujó un archivo de carpetas.

—Hijo —dijo—. He estado aquí por casi veinte años. Hemos fundado todos estos programas de educación. Y todos han fallado. El tuyo fallará también. ¿Las razones? Son obvias. Tienes veinte años, no tienes experiencia, dinero ni grado universitario. ¡Nada!

Rick se propuso probar que ese hombre estaba equivocado. Comenzó a estudiar las fundaciones que se interesaban en financiar proyectos para adolescentes. Luego pasó meses enteros redactando y enviando propuestas, trabajando desde el amanecer hasta el ocaso. Durante un año redactó proposiciones, cada una cuidadosamente elaborada de acuerdo a los intereses y exigencias de cada fundación. En cada una iban grandes esperanzas, y cada una regresaba con negativas.

Propuesta tras propuesta eran enviadas y rechazadas. Finalmente, después de que la proposición número 155 fuera rechazada, comenzó a desmoronarse el apoyo que Rick tenía. Sus padres le rogaron que regresara a la universidad; y Ken Greene, un educador que había dejado su trabajo para ayudarle a redactar las proposiciones, le dijo:

—Rick, ya no me queda dinero, y tengo una esposa e hijos que mantener. Esperaré por una propuesta más. Pero si no es aceptada regresaré a mi trabajo en Toledo.

Rick tenía una última oportunidad. Movido por la motivación y la convicción habló con muchas secretarias, hasta conseguir una cita para almorzar con el doctor Russ Mawby, presidente de la fundación Kellogg. Cuando se dirigían a almorzar pasaron por una heladería.

—¿Quieres un helado? —preguntó Mawby.

Rick asintió con la cabeza. Pero su ansiedad lo traicionó. Aplastó el cono que tenía en la mano, y con el helado de chocolate escurriéndosele entre los dedos hizo un furtivo pero enérgico esfuerzo para sacudirlos antes de que el doctor Mawby notara lo que estaba pasando. Pero este lo vio y riendo a carcajadas regresó donde el vendedor, y trajo a Rick un montón de servilletas.

El joven subió al automóvil con la cara roja, y sintiéndose miserable. ¿Cómo podía solicitar fondos para un programa educacional si ni siquiera podía manejar un cono de helado?

Dos semanas más tarde Mawby le telefoneó:

—Pediste $55.000. Lo sentimos mucho, pero los miembros del consejo de administración votaron en contra.

Rick sintió que las lágrimas pugnaban por salir de sus

ojos. Durante dos años había estado trabajando por un sueño que ahora se iba por el desaguadero.

—Sin embargo —dijo Mawby— los miembros del consejo votaron unánimemente para darte $130.000.

Entonces brotaron las lágrimas. Rick difícilmente podía murmurar un gracias.

Desde ese instante Rick Little ha levantado más de cien millones de dólares para su sueño. Sus Programas de Búsqueda de Habilidades se enseñan regularmente en más de treinta mil colegios en todos los cincuenta estados de la Unión, y en treinta y dos países. A tres millones de estudiantes se les enseña cada año a desarrollar sus habilidades para enfrentarse a la vida, porque un día un muchacho de diecinueve años no quiso aceptar un «no» como respuesta.

Debido al increíble éxito de La Búsqueda —su fundación— Rick Little expandió su sueño, y se le concedieron sesenta y cinco millones de dólares —el segundo donativo más grande jamás hecho en la historia de los Estados Unidos— para crear La Fundación Internacional de la Juventud. El propósito de esta fundación es identificar y expandir programas juveniles en todo el mundo.

La vida de Rick Little es un testamento al poder del compromiso con una alta visión, aparejado con una voluntad de seguir pidiendo hasta que el sueño se cumpla.

Adaptado de
Peggy Mann

La magia de creer

No soy lo suficientemente grande para jugar béisbol o fútbol. Todavía no tengo ocho años. Mamá me dijo: «Cuando empieces en el béisbol no puedes correr a esa velocidad, porque te hicieron una operación». Le dije a mamá que yo no tendría que correr a esa velocidad. Cuando juegue béisbol bateraré fuera del campo. Entonces podré caminar.

Edward J. McGrath, hijo
"An Exceptional View of Life"
[Una visión excepcional de la vida]

El libro de metas de Glenna

En 1977 yo era una madre soltera con tres hijas pequeñas, la deuda de una casa y de un automóvil, y la necesidad de reavivar algunos sueños.

Una noche asistí a un seminario en el que escuché a un hombre hablar del principio I x V = R *(Imaginación mezclada con lo Vívido se convierte en Realidad)*. El orador señaló que la mente piensa en figuras, no en palabras. Y a medida que vívidamente pintamos en nuestra mente lo que pensamos, esto llega a convertirse en realidad.

Este concepto pulsó la cuerda de la creatividad en mi corazón. Conocía la verdad bíblica de que Dios nos concede los «deseos de tu corazón» (Salmos 37.4), y que «cual es su pensamiento en su corazón, tal es él» (Proverbios 23.7). Estaba decidida a tomar mi lista de oraciones y representarla en figuras. Empecé reuniendo revistas, y recortando figuras que representaban los «deseos de mi corazón». Las ordené en un costoso álbum de fotografías y esperé con expectación.

Fui muy específica con mis figuras. Ellas incluían:

1. Un hombre apuesto.
2. Una mujer vestida de novia al lado de un hombre en esmoquin.

3. Ramos de flores (soy romántica).
4. Hermosas joyas con diamantes (recordé que Dios amó a David y a Salomón, y ellos fueron dos de los hombres más ricos que han existido).
5. Una isla en el brillante mar azul del Caribe.
6. Una casa encantadora.
7. Nuevo mobiliario.
8. Una mujer a quien recientemente se había ascendido a vicepresidente de una gran empresa (yo trabajaba para una empresa que no tenía mujeres ejecutivas. Quería ser la primera vicepresidenta de ella).

Alrededor de ocho semanas después yo estaba manejando por una carretera de California, y pensaba en mi cita de negocios de las diez y media de la mañana. De pronto un hermoso Cadillac rojo y blanco me pasó. Miré el auto porque era muy bonito. El conductor me miró y sonrió, y yo también le sonreí porque siempre sonrío. Ahora yo tenía un gran conflicto. ¿Has hecho alguna vez algo así? Pretendí que no lo había mirado. «¿Quién, yo? ¡No fue a ti a quien miré!» Me siguió durante veinticinco kilómetros. ¡Estaba tremendamente asustada! Conduje algunos kilómetros, y él condujo algunos kilómetros. Estacioné el auto, él estacionó el suyo... ¡y con el tiempo me casé con él!

El día de nuestra primera cita, Jim me envió una docena de rosas. Luego descubrí que él tenía un pasatiempo: coleccionar diamantes. ¡Y de los grandes! Y andaba en busca de alguien para decorarla con ellos. ¡Así que me presté voluntariamente! Estuvimos saliendo por cerca de dos años, y todos los lunes en la mañana yo recibía una rosa roja con largo tallo y una nota de amor de él.

Casi tres meses antes de que nos casáramos, Jim me dijo: «He encontrado el lugar perfecto para nuestra luna de miel. Iremos a la isla San Juan en el caribe». Riendo le comenté: «¡Jamás lo hubiera imaginado!»

No le había confesado la verdad acerca de mi álbum de figuras, hasta que Jim y yo habíamos estado bien casados por casi un año. Sucedió cuando nos mudamos a nuestra nueva y encantadora casa, y la decorábamos con el elegante mobiliario que yo había dibujado (Jim se convirtió en uno de los mayoristas para la costa oeste de una de las más finas fábricas de muebles del este).

A propósito, la boda fue en Laguna Beach, California, y el traje de novia y el esmoquin fueron parte de ella. Ocho meses después de haber creado mi libro de sueños, llegué a ser vicepresidente de recursos humanos en la compañía en que trabajaba.

En cierto sentido esto parece un cuento de hadas, pero es verdad. Jim y yo hemos hecho muchos «libros de figuras» desde que nos casamos. Dios ha llenado nuestras vidas con la demostración de estos poderosos principios de fe en acción.

Decide lo que quieras en cada aspecto de tu vida. Imagínalo vívidamente, luego actúa de acuerdo a tus deseos, construyendo tu libro personal de metas. Convierte tus ideas en realidades concretas a través de este sencillo ejercicio. No hay sueños imposibles. Y recuerda que Dios prometió dar a sus hijos los deseos de su corazón.

Glenna Salsbury

Otra marca más en la lista

Una lluviosa tarde, un inspirado muchacho de quince años llamado John Goddard estaba sentado a la mesa en la cocina de su casa en Los Ángeles, y escribió cinco palabras en la parte superior de una hoja de papel: «La lista de mi vida». Debajo de ese título escribió 127 metas. Desde entonces ha alcanzado 108 de ellas. Da una mirada a esa lista. No son metas fáciles o sencillas. Incluyen escalar las montañas más elevadas del mundo, explorar ríos navegables, correr 1.500 metros en cinco minutos, leer las obras completas de Shakespeare y la *Enciclopedia Británica.*

Explorar:
- ✓ 1. El Río Nilo
- ✓ 2. El Río Amazonas
- ✔ 3. El Río Congo
- ✓ 4. El Río Colorado
-    5. El Río Yang-Tsé en China
-    6. El Río Níger
-    7. El Río Orinoco en Venezuela
- ✔ 8. El Río Coco en Nicaragua

Estudiar las culturas primitivas de:
- ✓ 9. El Congo

✓ 10. Nueva Guinea
✔ 11. Brasil
✓ 12. Borneo
✓ 13. El Sudán (una tormenta de arena casi enterró vivo
     a John)
✓ 14. Australia
✔ 15. Kenia
✔ 16. Filipinas
✓ 17. Tanganica (ahora Tanzania)
✓ 18. Etiopía
✓ 19. Nigeria
✔ 20. Alaska

Escalar:
   21. El Monte Everest
   22. El Monte Aconcagua en Argentina
   23. El Monte Mckinley
✔ 24. El Monte Huascarán en Perú
✔ 25. El Monte Kilimanjaro
✓ 26. El Monte Ararat en Turquía
✔ 27. El Monte Kenia
✓ 28. El Monte Cook en Nueva Zelandia
✓ 29. El Monte Popocatépetl en México
✓ 30. El Matterhorn
✔ 31. El Monte Rainer
✓ 32. El Monte Fuji
✔ 33. El Monte Vesubio
✔ 34. El Monte Bromo en Java
✔ 35. El Parque Nacional Grand Tetons
✓ 36. El Monte Baldy en California

✓ 37. Estudiar carreras en medicina y exploración
       (estudió cursos premédicos y tratamiento de
       enfermedades entre las tribus primitivas)

38. Visitar todos los países del mundo (le faltan 30)
✔ 39. Estudiar a los indios navajos y hopi
✓ 40. Aprender a pilotear un avión
✔ 41. Montar a caballo en el desfile de las rosas

Fotografiar
✓ 42. Las Cataratas del Iguazú en Brasil
✓ 43. Las Cataratas Victoria en Rodesia (lo persiguió un jabalí mientras lo hacía)
✔ 44. Las Cataratas Sutherland en Nueva Zelandia
✓ 45. Las Cataratas Yosemite
✔ 46. Las Cataratas del Niágara
✔ 47. Seguir las rutas de Marco Polo y Alejandro Magno

Exploración submarina en:
✓ 48. Los arrecifes de coral en la Florida
✓ 49. El arrecife La Gran Barrera en Australia (fotografió una almeja de 135 kilos)
✔ 50. El Mar Rojo
✓ 51. Las Islas Fiji
✔ 52. Las Bahamas

✔ 53. Explorar los Pantanos Okefenokee y los Everglades

Visitar:
54. Los polos sur y norte
✔ 55. La Gran Muralla China
✓ 56. Los canales de Panamá y Suez
✓ 57. Las Islas Orientales
✓ 58. Las Islas Galápagos
✔ 59. El Vaticano (vio al Papa)
✔ 60. El Taj Mahal
✓ 61. La Torre Eiffel

✔ 62. La Caverna Azul
✔ 63. La Torre de Londres
✓ 64. La Torre inclinada de Pisa
✓ 65. El pozo sagrado de Chichen-Itza en México
✔ 66. Escalar las Rocas Ayers en Australia
   67. Seguir el Río Jordán desde el Mar de Galilea hasta el Mar Muerto

Nadar en:
✓ 68. El Lago Victoria
✔ 69. El Lago Superior
✔ 70. El Lago Tanganica
✓ 71. El Lago Titicaca en Suramérica
✓ 72. El Lago Nicaragua

Lograr:
✔ 73. Ser un Eagle Scout
✓ 74. Viajar en submarino
✔ 75. Decolar y aterrizar en un portaaviones
✓ 76. Volar en dirigible, globo y planeador
✓ 77. Montar en elefante, camello, avestruz y caballo salvaje
✔ 78. Bucear a quince metros, y contener la respiración por dos minutos y medio debajo del agua
✔ 79. Agarrar una langosta de cinco kilos y un abulón de veinticinco centímetros
✓ 80. Tocar flauta y violín
✔ 81. Mecanografiar cincuenta palabras por minuto
✔ 82. Saltar en paracaídas
✓ 83. Aprender a esquiar en agua y en nieve
✓ 84. Ir en una misión de la iglesia
✔ 85. Seguir la expedición de John Muir
✓ 86. Estudiar medicamentos nativos, y recordar los más útiles

✓ 87. Filmar una colección de rinocerontes elefantes, leones, leopardos, búfalos y ballenas
✔ 88. Aprender esgrima
✔ 89. Aprender jujitsu
✔ 90. Dictar un curso universitario
✓ 91. Observar una ceremonia de cremación en Bali
✓ 92. Explorar las profundidades marinas
   93. Aparecer en una película de Tarzán (ahora considera que este era un sueño infantil intrascendente)
   94. Poseer un caballo, un chimpancé, un leopardo, un ocelote y un coyote (le falta el chimpancé y el leopardo)
   95. Ser un radioaficionado
✔ 96. Construir un telescopio
✓ 97. Escribir un libro (sobre un viaje al nilo)
✓ 98. Publicar un artículo en la revista *National Geographic*
✔   99. Saltar metro y medio de alto
✔ 100. Saltar cinco metros de largo
✓ 101. Correr 1.500 metros en cinco minutos
✔ 102. Pesar ochenta kilos desnudo (los pesa todavía)
✔ 103. Realizar doscientos abdominales y veinte flexiones
✓ 104. Aprender francés, español y árabe
  105. Estudiar los lagartos de la isla Komodo (el barco se varó a treinta kilómetros de la isla)
✓ 106. Visitar el lugar de nacimiento del abuelo Sorenson en Dinamarca
✔ 107. Visitar el lugar de nacimiento del abuelo Goddard en Inglaterra
✔ 108. Navegar como marino en un barco de carga
  109. Leer toda la *Enciclopedia Británica* (ha leído gran parte de cada volumen)

✓ 110. Leer la Biblia de principio a fin

✓ 111. Leer obras de Shakespeare, Platón, Aristóteles,
Dickens, Thoureau, Poe, Rousseau, Bacon,
Hemingway, Twain, Burrougths, Conrad,
Talmage, Tolstoi, Longfellow, Keats, Whittier y
Emerson (no todas las obras de cada uno)

✔ 112. Familiarizarse con las composiciones de: Bach,
Beethoven, Debussy, Ibert, Mendelssohn, Lalo,
Rimski-Korsakov, Resphigi, Liszt, Rachmanikoff,
Stravinsky, Toch, Tchaikovsky y Verdi

✓ 113. Llegar a dominar el manejo de avión, motocicleta,
tractor, deslizador, rifle, pistola, canoa,
microscopio, fútbol, básketbol, arco y flecha,
boleadora y bumerang

✔ 114. Componer música

✔ 115. Tocar *Claro de luna* al piano

✓ 116. Observar la ceremonia de caminar sobre el fuego
(en Bali y Surinam)

✓ 117. Extraer veneno de serpiente (en una sesión de
fotografía lo mordió por detrás una serpiente
diamante)

✔ 118. Encender un fósforo con un rifle calibre veintidós

✓ 119. Visitar un estudio de cine

✔ 120. Subir a la pirámide de Keops

✓ 121. Ser miembro del Club de Exploradores y del Club
de Aventureros

✔ 122. Aprender a jugar polo

✓ 123. Viajar a pie y en bote a través del Cañón de
Colorado

✓ 124. Circunnavegar el globo terrestre (cuatro veces)

125. Visitar la luna («algún día si Dios quiere»)

✓ 126. Casarme y tener hijos (tiene cinco hijos)

127. Vivir hasta el siglo veintiuno (tendría 75 años)

John Goddard

¡Cuidado nena!
Yo soy tu hombre

Es mejor estar preparado para una oportunidad y no tenerla, que tener una oportunidad y no estar preparado.

Whithey Young, hijo

Poco después de nacer, Les Brown y su hermano gemelo fueron adoptados por Mamie Brown, ama de llaves y cocinera, en una vecindad de Miami sumida en la pobreza.

En la escuela primaria y secundaria, Les B. tuvo que asistir a clases de educación especial para niños con problemas, debido a su hiperactividad y parloteo incesante. Después de graduarse trabajó como recolector de basura en Miami Beach. Pero su sueño era convertirse en un discjockey.

En las noches tomaba un radio de transistores en el que escuchaba la jerga de los «deejays» locales. Formó una imaginaria estación de radio en su pequeña habitación, que tenía roto el piso de vinilo. Un cepillo para el cabello le servía de micrófono, mientras practicaba su forma de presentar los discos a sus radioescuchas fantasmas.

Su madre y hermano lo podían escuchar a través de las delgadas paredes, y le gritaban que dejara de mover tanto las mandíbulas y se durmiera. Pero Les B. no los escuchaba. Estaba en su propio mundo, viviendo un sueño.

Un día, Les B. valientemente fue a la estación local de radio durante su descanso para almorzar, cuando cortaba pasto para la ciudad. Entró a la oficina del gerente y le dijo que quería ser un disc-jockey.

—¿Tienes experiencia en radio? —le preguntó el gerente mirando fijamente el overol y el sombrero de paja del desaliñado muchacho.

—No señor, no tengo —contestó Les B.

—Entonces hijo, me temo que no tengo trabajo para ti.

Les Brown agradeció cortésmente y salió. El gerente de la estación pensó que había visto por última vez a ese joven. Pero subestimó la profundidad del compromiso de Les Brown con su meta. Como ves, Les B. tenía un propósito mucho más alto que ser simplemente un disc-jockey. Quería comprar una casa más bonita para su madre adoptiva, a quien amaba entrañablemente. El empleo de disc-jockey era sólo un paso hacia esta meta.

Mamie Brown le había enseñado a insistir en sus sueños, así que Les B. estaba seguro de que conseguiría un empleo en esa estación de radio, a pesar de lo que el gerente le había dicho.

Y así Les B. regresó todos los días a la estación durante una semana, preguntando si había algún nuevo trabajo disponible. Finalmente el gerente de la estación se dio por vencido y lo empleó como mandadero sin sueldo. Al principio llevaba café o recogía los almuerzos para los disc-jockeys que no podían salir del estudio. Con el tiempo, el entusiasmo en su trabajo ganó la confianza de los disc-jockeys, quienes lo enviaban en sus limusinas a recoger a los personajes que visitaban el estudio, tales como los

«Temptations», Diana Ross y los «Supremes». Poco les importaba saber que Les B. no tenía licencia de conducir.

Les B. hacía todo y más de lo que se le pedía en la estación. Mientras permanecía con los disc-jockeys, aprendió los movimientos de sus manos sobre el tablero de control. Se quedaba en los cuartos de control, y se empapaba de todo lo que podía hasta que le pedían que saliera. Luego, de vuelta en su dormitorio esa noche, practicaba y se preparaba para la oportunidad que sabía que se presentaría sola.

Un sábado por la tarde, un disc-jockey llamado Rock estaba bebiendo mientras transmitía en vivo. Les B. era la única persona en el edificio, y se dio cuenta de que Rock se estaba emborrachando, y se iba a meter en un problema. Permaneció cerca. Caminaba de la ventana a la cabina de transmisión en la que estaba Rock. Mientras rondaba, se dijo para sí: «¡Bebe Rock, bebe!»

Les B. estaba ávido y listo. Hubiera corrido a buscar más licor si Rock se lo hubiera pedido. Sonó el teléfono y Les B. dio un brinco para contestar. Era el gerente de la estación, como sabía que sería.

—Les, soy el señor Klein.

—Sí —dijo Les B.— lo sé.

—Les, no creo que Rock pueda finalizar su programa.

—Sí señor, lo sé.

—¿Podrías llamar a otro de los disc-jockeys para que venga a reemplazarlo?

—Sí señor, seguro que lo haré.

Pero cuando Les B. colgó el teléfono se dijo: «Ahora, él debe creer que estoy loco».

Llamó por teléfono, pero no a otro dis-jockey. Primero llamó a su madre, y luego a su novia.

—¡Prende la radio porque voy a salir al aire! —dijo a cada una.

Esperó quince minutos antes de llamar al gerente general.

—Señor Klein, no puedo encontrar a nadie —le dijo.

—Jovencito, ¿Sabes cómo manejar los controles en el estudio? —preguntó el señor Klein.

—Sí señor —respondió Les B.

Entró corriendo a la cabina, suavemente hizo a Rock a un lado, y se sentó frente a los controles. Estaba listo y ávido. Se lanzó al micrófono y dijo:

—¡Cuidado, habla LB, triple P: Les Brown su «Platter Playing Poppa»! No hubo nadie antes de mí, y no habrá nadie después de mí. Eso me convierte en único. Joven, soltero y encantado de socializar. Certificado, auténtico, calificado indudablemente para brindarles satisfacción y mucha acción. ¡Cuidado nena, yo soy tu hombre!

Debido a su preparación, Les B. estaba listo. Se ganó a la audiencia y al gerente general. Desde ese trascendental comienzo, continuó su triunfante carrera en radio, política, oratoria y televisión.

Jack Canfield

El deseo de pagar el precio

Cuando mi esposa Maryanne y yo estábamos construyendo nuestro salón de belleza en el Centro Comercial
Greenspoint, hace trece años, un vietnamita iba todos los
días a vendernos rosquillas. Hablaba con dificultad un poco
de inglés, pero era siempre amistoso, y a través de su sonrisa
y del lenguaje de señas nos llegamos a conocer uno al otro.
Su nombre era Le Van Vu.

Durante el día, Le V. trabajaba en una panadería, y en la
noche en compañía de su esposa escuchaban casetes para
aprender inglés. Más tarde supe que dormían sobre sacos
rellenos de aserrín tirados en el piso del cuarto trasero de la
panadería.

En Vietnam, la familia Van Vu era una de las más ricas
del sureste asiático. Eran dueños de casi una tercera parte de
Vietnam del Norte. En la riqueza se incluían enormes
consorcios en la industria y bienes raíces. Sin embargo,
después de que su padre fue brutalmente asesinado, Le V. se
trasladó con su madre a Vietnam del Sur, donde fue a la
escuela y con el tiempo se convirtió en abogado.

Igual que su padre antes que él, Le V. prosperó. Vio una
oportunidad de construir edificios para acomodar la presencia cada vez mayor de los estadounidenses en Vietnam del

Sur, y rápidamente llegó a ser uno de los constructores más prósperos en el país.

Sin embargo, en un viaje al norte los norvietnamitas lo capturaron y lo enviaron a prisión durante tres años. Escapó matando a cinco soldados, y regresó a Vietnam del Sur, donde nuevamente fue encarcelado. El gobierno de Vietnam del Sur supuso que era un espía del Norte.

Después de estar prisionero por algún tiempo, al salir inició una empresa pesquera que con el tiempo se convirtió en la mayor enlatadora de Vietnam del Sur.

Cuando Le V. supo que las tropas y el personal de la embajada de Estados Unidos iban a salir del país, tomó una decisión que cambió su vida.

Cargó a bordo de uno de sus barcos pesqueros todo el oro que había guardado, y se embarcó con su esposa, dirigiéndose hacia los barcos estadounidenses anclados en el puerto. Entonces, cambió todas sus riquezas por pasajes seguros fuera de Vietnam hacia las Filipinas, donde fue llevado en compañía de su esposa a un campo de refugiados.

Después de lograr hablar con el presidente de las Filipinas, Le V. lo convenció para que hiciera que uno de sus barcos estuviera disponible para la pesca, y con ello estaba de regreso a los negocios. Dos años después, antes de que saliera de las Filipinas en ruta a los Estados Unidos (su último sueño), había desarrollado con todo éxito la industria pesquera en las Filipinas.

Pero en el viaje a Estados Unidos se deprimió y angustió por tener que empezar de nuevo desde la nada. Su esposa cuenta que lo encontró a punto de saltar por la borda.

«Le», le dijo, «si saltas por la borda, ¿qué será de mí? Hemos estado juntos por mucho tiempo, y hemos pasado muchas pruebas. Podemos hacer esto juntos». Ese era todo el ánimo que Le Van Vu necesitaba.

Cuando llegaron a Houston en 1972, no tenían nada y no

hablaban inglés. En Vietnam la familia se hace cargo de los familiares, por eso Le V. y su esposa se encontraron acomodados en el cuarto trasero de la panadería de su primo, en el centro comercial Greenspoint. Nosotros construíamos nuestro local a sólo setenta metros de allí. Ahora, como ellos dicen, aquí viene el «mensaje» que es parte de esta historia:

Su primo les ofreció trabajo en la panadería. Después de pagar los impuestos, Le V. aportaba al hogar $175 por semana, y su esposa $125. En otras palabras, su ingreso anual sería de $15.600. Además, su primo ofreció venderle la panadería cuando pudieran darle $30.000 de cuota inicial. El primo refinanciaría la cantidad restante que sería de $90.000.

He aquí lo que Le V. y su esposa hicieron:

Aun con ingreso semanal de $300 decidieron continuar viviendo en el cuarto trasero. Se mantenían limpios tomando baños de esponja por dos años en los baños públicos del centro comercial. Durante ese tiempo su dieta consistió casi exclusivamente de productos de la panadería. Y cada uno de esos dos años vivieron con un total de $600, ahorrando $30.000 para pagar la cuota inicial.

Le V. explicó después su manera de pensar: «Si conseguíamos un apartamento, que lo hubiéramos podido pagar con nuestros $300 semanales, tendríamos que pagar el alquiler. Entonces, por supuesto, tendríamos que comprar muebles. Luego tendríamos que conseguir transporte para ir y venir del trabajo, lo que significaba que hubiéramos tenido que comprar un automóvil. También hubiéramos tenido que comprar gasolina y seguro para este. Probablemente hubiéramos querido ir a algunos lugares en el auto, lo que hubiera significado tener que comprar ropa y artículos de tocador. Por tanto, sabía que si adquiríamos el apartamento nunca habríamos tenido juntos nuestros $30.000.

Ahora, si piensas que has oído todo sobre Le V. permíteme decirte que hay más: una vez que él y su esposa habían ahorrado el dinero de la cuota inicial y comprado la panadería, se sentaron a reflexionar una vez más. Todavía debían $90.000 a su primo, y a pesar de que había sido tan difícil vivir como lo habían hecho durante los dos últimos años, debían continuar viviendo en el cuarto trasero por un año más.

Me siento orgulloso de decirte que en un año, mi amigo y mentor Le Van Vu y su esposa ahorraron virtualmente cada centavo de las utilidades que les producía el negocio, pagaron la deuda de $90.000, y en sólo tres años eran propietarios de un negocio sumamente rentable, libre de deudas y sin problema alguno.

Sólo entonces los Van Vu obtuvieron su primer apartamento. Al momento continúan ahorrando regularmente, y viven con un porcentaje extremadamente pequeño de sus ingresos, y por supuesto, pagan siempre al contado todas sus compras.

¿Crees que Le Van Vu es millonario hoy día? Me siento feliz de decirte que sí; varias veces.

John McCormack

Todo el mundo tiene un sueño

Hace algunos años me hice el propósito de trabajar en un condado sureño con individuos que vivían de la asistencia pública. Lo que yo quería demostrar era que todo el mundo tiene la capacidad de ser autosuficiente, y que lo que debemos hacer es motivarlos. Pedí al condado que escogiera un grupo de estuviera viviendo de la asistencia pública, personas de diferentes grupos raciales y familiares. Los vería los viernes durante tres horas. Solicité también un poco de dinero en efectivo.

—Me gustaría saber cuáles son sus sueños —fue lo primero que les pregunté después de haber saludado personalmente a cada uno. Me miraron como si estuviera chiflado.

—¿Sueños? Nosotros no tenemos sueños.

—Bien, ¿qué sucedió cuando eran jóvenes? ¿No había algo que hubieran querido hacer? —les pregunté.

—No sé qué se puede hacer con los sueños —contestó una mujer—. Las ratas se comen a mis hijos.

—¡Caramba! —dije— eso es terrible. Por supuesto usted debe estar muy preocupada con las ratas y sus hijos. ¿Qué puedo hacer para ayudar?

—Bien, quizás yo pudiera tener una nueva puerta de malla porque la que tengo tiene agujeros.

—¿Hay alguien aquí que sepa reparar una puerta de malla? —pregunté.

—Es lo que yo hacía hace mucho tiempo —contestó uno de los hombres del grupo— y lo intentaré, aunque ahora me duele terriblemente la espalda.

Le dije que le daría algo de dinero si iba a la ferretería y compraba un poco de malla para que reparara la puerta de la señora.

—¿Podría hacerlo?

—Sí, lo intentaré.

La semana siguiente, después de que nos sentamos, le pregunté a la mujer:

—Bien, ¿le arreglaron la puerta de malla?

—Claro que sí —dijo ella.

—Podemos entonces comenzar a soñar, ¿no es así?

Me respondió con un gesto de asentimiento.

—¿Cómo se siente? —le pregunté al hombre que hizo el trabajo.

—Bueno, usted sabe, es un poco cómico, pero empiezo a sentirme mejor —contestó.

Eso ayudó para que el grupo empezara a soñar. Este éxito aparentemente insignificante permitió al grupo ver que los sueños no son una locura. Estos pequeños pasos les ayudaron a ver y a sentir que algo podría realmente pasar.

Comencé a preguntar a otros acerca de sus sueños. Una mujer me confesó que siempre quiso ser secretaria.

—¿Y qué se lo impide? (esa es siempre mi siguiente pregunta).

—Tengo seis hijos —contestó— y nadie cuidaría de ellos mientras estuviera fuera.

—Veamos —dije— ¿hay alguien en este grupo que quisiera cuidar a seis niños por uno o dos días a la semana, mientras la madre se prepara un poco en el colegio técnico?

—Yo también tengo hijos, pero podría hacerlo —dijo otra

mujer.

—Entonces vamos a hacerlo —dije. Hicimos un plan y la mujer fue a estudiar.

Todo el mundo encontró algo. El hombre que instaló la malla en la puerta se convirtió en un hábil obrero. La mujer que cuidaba los hijos de la otra obtuvo licencia para cuidar personas. En doce semanas yo había logrado que todas esas personas estuvieran fuera de la asistencia pública. No he hecho esto sólo una vez, sino muchas veces.

Virginia Satir

Sigue tu sueño

Tengo un amigo llamado Monty Roberts que posee un criadero de caballos en San Ysidro. Él me ha permitido usar su casa para realizar eventos y actividades, con el fin de levantar fondos destinados a programas de ayuda para los jóvenes.

La última vez que estuve en la hacienda me presentó a los demás diciendo: «Quiero decirles por qué permito a Jack usar mi casa. Esto se remonta a una historia acerca del joven hijo de un ambulante entrenador de caballos que iba de caballeriza en caballeriza, de pista en pista, de hacienda en hacienda, de criadero en criadero entrenando caballos. Como resultado, la carrera estudiantil del chico se interrumpía continuamente. Cuando estaba en último año, le pidieron que escribiera en una hoja lo que quería ser y hacer cuando creciera.

»Esa noche escribió siete páginas describiendo su meta de poseer algún día un criadero de caballos. Escribió sobre su sueño con todo detalle, y hasta dibujó un diagrama de una hacienda de 500 hectáreas, mostrando la ubicación de todos los edificios, las caballerizas y la pista para los caballos. Luego dibujó el plano detallado de una casa de 500 metros cuadrados con una sola planta, que estaría ubicada en la hacienda de sus sueños de 500 hectáreas.

»Puso su corazón en el proyecto, y al día siguiente lo entregó a su maestro. Dos días después lo recibió de vuelta. En la página frontal había una gran F roja con una nota que decía: "Deseo hablarte después de clases".

El muchacho fue a ver al maestro después de clase y le preguntó: "¿Por qué me calificó F?" El maestro dijo: "Este es un sueño poco realista para un joven como tú. No tienes dinero. Vienes de una familia ambulante. No tienes recursos. Poseer un criadero de caballos requiere muchísimo dinero. Tienes que comprar la tierra. Tienes que pagar por los primeros purasangre, y después tienes que pagar por una piara de yeguas. No hay manera de que lo puedas hacer". El maestro añadió luego: "Si haces de nuevo tu tarea escribiendo una meta realista, reconsideraré tu nota".

El muchacho regresó a su hogar, y pensó mucho y muy profundamente. Pidió la opinión de su padre, y este le dijo: "Mira hijo, tienes que hacerte tu propia idea sobre esto, de todas maneras sé que es una decisión importante para ti".

Finalmente, después de pensarlo por una semana, el chico devolvió el mismo papel sin hacer cambio alguno. Le dijo al maestro: "Puede quedarse con la mala nota, yo mantendré mi sueño"».

Entonces Monty se dirigió al grupo reunido y les dijo: «Les cuento esta historia porque ustedes están sentados en mi casa de 500 metros cuadrados en medio de mi hacienda de 500 hectáreas. Tengo todavía ese papel de la escuela puesto en un marco sobre la chimenea». Añadió: «Lo mejor de la historia es que hace dos veranos el mismo maestro de escuela trajo a treinta muchachos para acampar en mi hacienda por una semana. Cuando el maestro salía me dijo: "Mira Monty, ahora puedo decirte esto. Cuando era tu maestro fui algo así como un ladrón de sueños. Durante esos años robé muchos sueños a los muchachos. Afortunadamente tú tuviste suficientes bríos para no renunciar a los tuyos"».

No permitas que nadie robe tus sueños. Sigue a tu corazón sin importar lo que suceda.

Jack Canfield

La caja

Cuando estaba en el último año de la universidad fui a casa en vacaciones de navidad, y me preparé para tener una nochebuena divertida en compañía de mis dos hermanos. Estábamos tan emocionados de estar juntos, que nos ofrecimos como voluntarios para cuidar el almacén, a fin de que nuestros padres pudieran tomar su primer día libre en años. El día anterior al que mis padres fueron a Boston, papá me llevó en silencio al cuartito que había detrás del almacén. El cuarto era tan pequeño, que tenía sólo un piano y un sofacama. En realidad, cuando se abría el sofá, la cama ocupaba casi toda la habitación, y se podía sentar en ella a tocar el piano. Mi padre se dirigió detrás del piano, y sacó una caja de cigarros. La abrió y me mostró una pila de artículos de periódico. Yo había leído tantas historias de detectives de Nancy Drew, que estaba emocionada y con los ojos abiertos mirando la oculta caja de recortes.

—¿Qué son? —pregunté.

—Son artículos que he escrito, y algunas cartas al editor que se han publicado —replicó seriamente mi padre.

Cuando comencé a leer, vi que al pie de cada artículo estaba la firma de: Señor don Walter Chapman.

—¿Por qué no me dijiste que habías hecho esto? —le pregunté de nuevo.

—Por que no quería que tu madre lo supiera. Ella siempre me ha dicho que debido a que no tengo mucha educación, no debía tratar de escribir. También quise abrir una oficina política, pero ella me dijo que no lo intentara. Pienso que temía avergonzarse si yo perdía. Sólo quería tratar por el placer de hacerlo. Me imaginé que podía escribir sin que ella lo supiera, y así lo hice. Cuando cada artículo se imprimía, yo lo recortaba y lo escondía en esta caja. Sabía que algún día mostraría la caja a alguien, y hoy lo hago a ti.

Me observaba mientras yo leía algunos de los artículos, y cuando lo miré sus enormes ojos azules estaban húmedos.

—Pienso que traté de hacer algo demasiado grande la última vez —agregó.

—¿Escribiste algo más?

—Sí, envié algunas sugerencias a nuestra revista denominacional sobre cómo se debía seleccionar más regularmente el comité nacional de nominaciones. De eso hace tres meses. Pienso que traté de hacer algo demasiado grande.

Esta era una faceta tan nueva para mi padre que siempre fue amante de las diversiones, que no sabía qué decir.

—Quizás estén todavía en camino —dije finalmente.

—Tal vez, pero no estés muy segura.

Mi padre sonrió, hizo un guiño, cerró la caja de cigarros y la guardó en su lugar detrás del piano.

La mañana siguiente nuestros padres salieron en autobús hacia Haverhill Depot, donde tomaron el tren para Boston. Jim, Ron y yo nos hicimos cargo del almacén, y yo seguía pensando en la caja. No había sabido que a mi padre le gustara escribir. No les conté a mis hermanos; era un secreto entre él y yo. El misterio de la caja escondida.

Esa noche, antes de oscurecer, miré por la ventana del almacén y vi a mi madre descender sola del autobús. Atravesó la plaza y caminó enérgicamente hacia la tienda.

—¿Dónde está papá? —preguntamos al unísono.

—Murió —dijo sin derramar una lágrima.

Con incredulidad la seguimos hasta la cocina, donde nos contó que habían estado caminando por la estación subterránea de Park Street en medio de la multitud, cuando papá había caído al suelo. Una enfermera se había inclinado sobre él, y mirando a mi madre le había dicho simplemente:

—Está muerto.

Mi madre se había quedado paralizada a su lado sin saber qué hacer, mientras la gente pasaba por encima de él en su carrera hacia el tren subterráneo. Un sacerdote dijo:

—Llamaré a la policía.

Y desapareció.

Mi madre sentó el cuerpo de papá por casi una hora. Finalmente llegó una ambulancia y los llevó a los dos a la morgue, donde revisó sus bolsillos y quitó su reloj. Regresó sola en el tren, y después tomó el autobús que la llevaría a casa. Nos contó esta terrible historia sin derramar una lágrima. No demostrar emoción había sido siempre un asunto de disciplina y orgullo para ella. Nosotros tampoco lloramos, y nos turnamos para atender a los clientes.

Un cliente regular entró y preguntó:

—¿Dónde está el viejo esta noche?

—Murió —repliqué.

—¡Qué lástima! —exclamó y se fue.

Nunca había pensado en él como el viejo, y me molestó la pregunta, pero tenía setenta años y mi madre cincuenta. Siempre había sido saludable y feliz, había cuidado de mi frágil madre sin quejarse, y ahora se había ido. No más silbidos ni cánticos de himnos mientras ponía la mercadería en los estantes. El «viejo» se había ido.

La mañana del funeral yo estaba sentado a la mesa en el almacén abriendo las tarjetas de condolencia, cuando vi la revista de la iglesia entre el montón. Normalmente nunca habría abierto lo que consideraba una publicación religiosa sin sentido, pero tal vez ese sagrado artículo estuviera allí, y así fue.

Llevé la revista al cuartito, cerré la puerta y me deshice en lágrimas. Había sido valiente, pero ver impresas las recomendaciones de papá a la convención nacional fue más de lo que podía soportar. Leí y lloré, y nuevamente leí. Retiré la caja de la parte posterior del piano, y debajo de los recortes encontré una carta de dos páginas escritas por Henry Cabot Lodge, padre, dirigida a papá en la que le agradecía sus sugerencias para la campaña.

No dije nada a nadie acerca de mi caja. Ella guardaba un secreto.

Florence Littauer

Ánimo

Algunos de los relatos de grandes éxitos en la historia han seguido a una palabra de ánimo, o a un acto de confianza de parte de un ser querido o de un amigo íntimo. Si no hubiera sido por Sofía, una esposa llena de confianza, no pudiéramos tener entre los grandes hombres de la literatura el nombre de Nathaniel Hawthorne. Cuando el desanimado Nathaniel volvió a casa para decirle a su esposa que era un fracaso, y que lo habían despedido de su empleo en la aduana, ella lo sorprendió con una exclamación de gozo.

—¡Ahora puedes escribir tu libro! —dijo triunfalmente.

—Sí —replicó el hombre con la confianza por el suelo— ¿y de qué vamos a vivir mientras escribo?

Para su sorpresa ella abrió un cajón, y sacó una gran cantidad de dinero.

—¿De dónde sacaste ese dinero? —exclamó.

—He sabido siempre que eras un genio —le dijo—. Sabía que algún día escribirías una obra de arte. De modo que cada semana ahorraba un poco del dinero que me dabas para los gastos de la casa. Aquí hay suficiente dinero para mantenernos durante un año.

De la confianza y seguridad de esta mujer surgió una de

las más grandes novelas de la literatura estadounidense: *La Letra Escarlata.*

Nido Qubein

Walt Jones

Lo que realmente importa es si vas a poder dar un caluroso sí a tu aventura.

Joseph Campbell

Nada encarna tanto el hecho de que el éxito es un viaje y no un destino, como las muchas, vigorosas y crecientes «realizaciones humanas» que no permiten que la edad sea un freno para lograr algo. Florence Brooks se unió a los Cuerpos de Paz cuando tenía sesenta y cuatro años. Gladys Clappison vivía en el dormitorio en la universidad de Iowa, estudiando para obtener su doctorado en historia a la edad de ochenta y dos años. Luego tenemos a Ed Stitt, quien a la edad de ochenta y siete estaba obteniendo su grado en la universidad local en Nueva Jersey. Ed decía que esto lo libraba de contagiarse de las «enfermedades de los viejos», y mantenía vivo su cerebro.

Probablemente nadie ha despertado más imaginación a través de los años que Walt Jones de Tacoma, Washington. Walt enviudó de su tercera esposa con quien estuvo casado por cincuenta y dos años.

Cuando ella murió, alguien dijo:

—Para Walt debe ser muy triste perder una compañera de tanto tiempo.

Su respuesta fue:

—Bueno, por supuesto que fue así, sin embargo de nuevo puede ser para lo mejor.

—¿Por qué dices eso?

—No quiero ser negativo o decir nada que difame su maravillosa imagen, pero ella se había acabado para mí en la última década.

Cuando le pedimos que explicara, agregó:

—Ella sencillamente no quería hacer nada, en cierto modo se convirtió en una persona rutinaria e inflexible. Hace diez años, cuando yo tenía noventa y cuatro, le dije que no íbamos a ver nada excepto la maravillosa región del Noroeste del Pacífico. Me preguntó qué tenía en mente, y le dije que estaba pensando en comprar un carro-casa, y que tal vez podríamos visitar todos los cuarenta y ocho estados contiguos.

»"—¿Qué piensas de eso?

»"—Creo que estás loco Walt.

»"—¿Por qué lo dices?

»"—Nos asaltarán allá. Moriremos y no habrá pompas fúnebres. Además, ¿quién va a manejar, Walter?

»"—Yo, Lambie.

»"—¡Tú nos matarás!

»"—Me gustaría dejar huellas en las arenas del tiempo antes de partir, pero tú no puedes dejar huellas en las arenas del tiempo si estás sentada sobre tu trasero... a menos que tu intención sea dejar las huellas del trasero".

—Ahora ella se ha ido. ¿Qué es lo que quieres hacer, Walt?

—¿Qué quiero hacer? Enterré a la vieja y compré un carro-casa. Este es el año 1976, y quiero visitar todos los cuarenta y ocho estados para celebrar el bicentenario del país.

Walt visitó ese año cuarenta y tres de los estados vendiendo curiosidades y recuerdos.

Cuando le pregunté si recogía a los excursionistas que le pedían un aventón, dijo:

—De ninguna manera. Muchos de ellos te dan un golpe en la cabeza por cuatro cuartos, o te siguen un juicio por sufrir golpes si tienen un accidente.

Walt había enterrado a su esposa y tenido su carro-casa sólo por unos pocos meses, cuando se le vio manejando en compañía de una atractiva mujer de sesenta y dos años de edad.

—¿Walt? —le dijeron.

—Sí —replicó.

—¿Quién era la mujer con quien estabas? ¿Es ella tu nueva novia, Walt?

—Sí, ella es —contestó.

—¿Sí, ella es qué?

—Mi novia.

—¿Novia? Walt, has estado casado tres veces, y tienes 104 años de edad. Esta mujer debe ser cuatro décadas menor que tú.

—Bien —respondió— rápidamente descubrí que un hombre no puede vivir solo en un carro-casa.

—Entiendo eso, Walt. Probablemente extrañas no tener a alguien con quien hablar después de haber tenido una compañera todos estos años.

—Tú sabes, también extraño lo demás —replicó sin vacilación.

—¿También? ¿Sugieres que tienes un interés romántico?

—Podría ser.

—Walt...

—¿Qué? —dijo.

—Llega un tiempo en la vida de una persona, cuando tiene que dejar esas cosas fuera.

—¿Hablas del sexo? —replicó.

—Sí.

—¿Por qué? —preguntó.

—Bueno, esa clase de esfuerzo físico puede ser peligroso para la salud.

Después de condiderar la pregunta por un momento, dijo:

—Bueno, si ella se muere, que se muera.

En 1978, con una inflación de dos dígitos afectando al país, Walt fue el principal inversionista en la construcción de un complejo de apartamentos. Cuando se le preguntó por qué estaba sacando su dinero de una segura cuenta bancaria, y metiéndolo en la construcción de un condominio, dijo:

—¿No has oído? Estos son tiempos inflacionarios. Tienes que poner tu dinero en bienes raíces, porque así se valorizará y lo tendrás cuando realmente lo necesites.

¿No es este un pensamiento positivo?

En 1980 vendió una parte de su propiedad en el condado de Pierce en Washington. Muchos pensaron que estaba abandonando su empresa. Reunió a sus amigos, y rápidamente les aclaró que no lo estaba haciendo, sino que había vendido la propiedad con el fin de tener liquidez.

—Recibí una pequeña cuota inicial y un contrato a treinta años. Recibiré cuatro mil dólares por mes hasta que tenga 138 años.

Celebró su aniversario número 110 en el Show de Johnny Carson. Apareció resplandeciente con su barba blanca y sombrero negro, lo cual le daba un ligero parecido al finado coronel Sanders.

—Es un placer tenerte aquí Walt —dijo Johnny Carson.

—Es un placer estar en cualquier parte a los 110, Johnny.

—¿110?

—110.

—¿Uno-uno-cero?

—¿Qué pasa Carson, te estás quedando sordo? Eso es lo que dije y eso es lo que tengo. ¿Qué es lo que te sorprende?

—Lo que me sorprende es que dentro de tres días tendrás el doble de mi edad.

Eso debería llamar la atención, ¿no es verdad? Ciento diez años de edad es una vigorosa y creciente realización humana.

Walt recibió una ovación y rápidamente se dirigió a Johnny:

—¿Qué edad tendrías si no supieras la fecha en que naciste, y si no hubiera calendario que te deprima una vez por año? ¿Has oído a quienes los deprime una fecha del calendario? ¡Oh! Señor, ¡llegué a los treinta! Estoy muy deprimido, me encuentro en la cima de la colina. ¡Cielos! ¡llegué a los cuarenta! Todos mis compañeros de trabajo vestidos de luto me envían una carroza para que me recoja. ¡Vaya! ¡Tengo cincuenta años! Medio siglo de edad. Me enviaron rosas marchitas con telarañas. Johnny, ¿Quién dice que debes rodar y morir cuando llegas a los sesenta y cinco? Tengo amigos que prosperaron más después de los setenta y cinco años. Personalmente, he ganado más dinero desde que tenía 105 que nunca antes, como resultado de una inversión que hice en un pequeño condominio hace algunos años. ¿Te puedo dar mi definición de depresión, Johnny?

—Dila.

—Perderse un cumpleaños.

Que la historia de Walt Jones nos inspire a permanecer lozanos y a crecer todos los días de nuestra vida.

Bob Moawad

¿Eres suficientemente fuerte para enfrentar las críticas?

No es la crítica lo que cuenta, ni quien señala cómo tropieza el fuerte, o dónde podría haber hecho mejores obras quien las hace. El crédito pertenece a quien está verdaderamente en la arena; cuya cara está sucia por el sudor y la sangre; que lucha valientemente; que yerra y falla una y otra vez, porque no hay esfuerzo sin errores ni fracasos; que conoce lo que es la consagración; que se consume en una causa que vale la pena; que a lo mejor sabe que está al final de alcanzar un logro o un triunfo; y a lo peor, que si fracasa al arriesgarse grandemente, sabe que su lugar jamás estará entre aquellas frías y tímidas almas que no conocen ni la victoria ni la derrota.

Theodore Roosevelt

Arriésgate

Había dos semillas juntas en la fértil tierra primaveral.

La primera dijo: «¡Quiero crecer! ¡Quiero que mis raíces penetren profundamente en la tierra debajo de mí, y empujen mis brotes a través de la corteza que está sobre mí... quiero extender mis tiernos cogollos como banderas, para anunciar la llegada de la primavera... quiero sentir el calor del sol sobre mi cara, y la bendición del rocío de la mañana sobre los pétalos!»

Y creció.

La segunda semilla dijo: «Tengo miedo. Si envío mis raíces bajo tierra, no sé qué encontraré en la oscuridad. Si me abro camino a la fuerza a través del duro suelo que tengo sobre mí, puedo dañar mis delicados brotes... ¿qué pasa si dejo mis cogollos abiertos y un caracol trata de comerlos? Y si fuera a abrir mis capullos, un niño podría arrancarlos del suelo. No, es mucho mejor para mí esperar hasta que todo sea seguro».

Y esperó.

Al comienzo de la primavera una gallina escarbaba la

tierra en busca de comida, halló la semilla que se encontraba esperando, y rápidamente se la comió.

MORALEJA DE LA HISTORIA

Quienes rehusemos a arriesgarnos y a crecer, seremos tragados por la vida.

Patty Hansen

Servicio con una sonrisa

Un hombre escribió una carta a un pequeño hotel, en un pueblo del medio oeste, que planeaba visitar en sus vacaciones:

> Me gustaría mucho llevar conmigo a mi perro. Es aseado y educado. ¿Me permitirían tenerlo en mi cuarto durante las noches?

Una respuesta inmediata llegó del dueño del hotel:

> He dirigido este hotel por muchos años. En todo este tiempo jamás he visto a un perro que se robe las toallas, las sábanas, los cubiertos o los cuadros de las paredes.
> Nunca he tenido que expulsar a un perro en medio de la noche, por estar borracho y causar desorden. Nunca he tenido un perro que se vaya sin pagar la cuenta.
> Por supuesto, su perro es bienvenido a mi hotel. Y si su perro responde por usted, usted también es bienvenido.

Karl Albrecht y Ron Zenke
Service America

6

SOBRE LA SUPERACIÓN DE LOS OBSTÁCULOS

Los obastáculos son las cosas espantosas que ves cuando quitas los ojos de tu meta.

Henry Ford

Obstáculos

Quienes estuvimos en los campos de concentración re-
cordamos a los hombres que caminaban por las cabañas,
consolando a otros y dándoles su último pedazo de pan.
Quizás fueron pocos en número, pero son prueba suficiente
de que puedes quitar todo a un hombre, menos algo: La última de sus libertades, la de escoger su actitud en cualquier
clase de circunstancias dadas, y elegir su propio camino.

Viktor E. Frankl
Man's Search for Meaning

Considera esto

Considera esto:

- Después de la primera prueba de filmación, el memo del director de pruebas de la Metro Goldwyn Mayer, fechado en 1933 decía: «¡No puede actuar! ¡Ligeramente calvo! ¡Baila muy poco!» Astaire mantiene ese memo sobre la chimenea de su casa en Beverly Hills.
- Un experto dijo de Vince Lombardi: «Tiene los conocimientos mínimos del fútbol. Le falta motivación».
- A Sócrates se le llamó: «Un inmoral corruptor de la juventud».
- Cuando Peter J. Daniel estaba en cuarto grado, la señora Philips, su maestra, le decía constantemente: «Peter J. Daniel, tú no eres bueno, eres malo para todo y nunca vas a servir para nada». Peter era analfabeto hasta cuando tuvo veintiséis años. Un amigo se quedó con él toda la noche y le leyó una copia del libro *Piense y hágase rico*. Ahora es dueño de las esquinas donde acostumbraba pelear, y acaba de publicar su último libro: *Mrs. Phillips, You Were Wrong* [Señora Phillips: ¡Se equivocó!]
- A Louisa May Alcott, autora de *Mujercitas*, su familia le dijo que buscara trabajo como sirvienta o costurera.
- Beethoven manejaba el violín torpemente, y prefería

tocar sus propias composiciones en lugar de mejorar sus técnicas. Su maestro dijo que no tenía esperanza alguna como compositor.

- Los padres del famoso cantante de ópera Enrico Caruso querían que fuera un ingeniero. Su profesor dijo que él no tenía voz, y que no podía cantar.
- El padre de la teoría de la evolución, Charles Darwin, renunció a la carrera de médico, y su padre le dijo: «A ti no te importa más que la casa, los perros y atrapar ratas». En su autobiografía Darwin escribió: «Mi padre y todos mis maestros me consideraron un muchacho muy ordinario, muy por debajo del nivel común de inteligencia».
- A Walt Disney lo despidió el editor de un periódico por falta de ideas. También se fue a la bancarrota varias veces antes de que construyera Disneylandia.
- Los maestros de Thomas Edison dijeron que era demasiado estúpido para aprender algo.
- Albert Einstein no habló hasta que tenía cuatro años de edad, y no leyó hasta que tenía siete. Su maestro lo describió como «mentalmente lento, insociable, y perdido para siempre en sus sueños tontos». Lo expulsaron y rechazaron su admisión al Colegio Politécnico de Zurich.
- Louis Pasteur fue sólo un alumno mediocre en los estudios universitarios, y en química ocupó el puesto quince entre veintidós alumnos.
- Isaac Newton tuvo un pobre desempeño en la escuela primaria.
- El padre del escultor Rodin dijo: «Tengo un idiota por hijo». Descrito como el peor alumno de la escuela, Rodin falló tres veces en conseguir su admisión en la escuela de arte. Su tío dijo que era imposible educarlo.
- León Tolstoi, autor de *La guerra y la paz*, se retiró de la universidad. Lo describieron como: «Incapaz y sin voluntad para aprender».

- El dramaturgo Tennessee Williams montó en cólera cuando no se escogió su drama *Me, Vasha* [Yo, Vasha] en un concurso de su clase en la Universidad de Washington, donde estaba matriculado en inglés 16. El profesor recordaba que Williams censuró la decisión y la inteligencia de los jueces.
- Los empleadores de F.W. Woolworth, en la tienda de confecciones donde trabajaba, dijeron que este no tenía suficiente paciencia para atender a los clientes.
- Henry Ford falló y fue a la quiebra cinco veces antes de triunfar realmente.
- Babe Ruth, considerado por los historiadores del deporte como el más grande deportista de todos los tiempos, y famoso por fijar el récord de carreras, también posee el récord de ponchadas.
- Winston Churchill perdió el sexto grado. No llegó a ser primer ministro de Inglaterra hasta cuando tuvo sesenta y dos años, y sólo después de toda una vida de fracasos y retrocesos. Hizo sus mayores contribuciones cuando estaba en la «tercera edad».
- Dieciocho editores rechazaron la historia de diez mil palabras de Richard Bach, *Juan Salvador Gaviota*, que habla de una gaviota que planeaba, antes de que Macmillan finalmente la publicara en 1970. En 1975 se habían vendido más de siete millones de copias sólo en los Estados Unidos.
- Richard Hooker trabajó siete años en su novela humorística de guerra M*A*S*H, sólo para encontrar rechazo entre veintiún editores, antes de que Morrow decidiera publicarla. Se convirtió en un éxito de librería, produciendo una impresionante película y una exitosa serie de televisión.

Jack Canfield y *Mark V. Hansen*

John Corcoran,
el hombre que no podía leer

Hasta donde John Corcoran podía recordar, las palabras se habían burlado de él. Las letras de las frases cambiaban de lugar, y los sonidos de las vocales se perdían en los túneles de sus oídos. En la escuela, se sentaba estúpida y silenciosamente en su pupitre, sabiendo que por siempre sería diferente de todos los demás. Si sólo alguien se hubiera sentado cerca de ese niño, hubiera puesto el brazo sobre su hombro y le hubiera dicho: «No temas. Yo te ayudaré».

Pero hasta ese entonces nadie había oído de la dislexia. Y John no podía explicar que el lado izquierdo de su cerebro —el lóbulo que los seres humanos utilizan para arreglar lógicamente los símbolos en una secuencia— le había fallado siempre.

En vez de eso, en segundo grado lo pusieron en la fila de los «burros». En tercer grado, una monja entregaba una vara a los otros muchachos, y cuando John rehusaba leer o escribir, dejaba que cada estudiante le diera un golpe en las piernas. En cuarto grado su maestra lo puso a leer, y guardó silencio un minuto tras otro hasta que el niño pensó que se ahogaría. Entonces pasó al grado siguiente y al próximo.

John Corcoran nunca perdió un año en su vida.

En último año fue elegido el rey de la fiesta de fin de año, pronunció un brillante discurso de despedida, y fue la estrella del equipo de básketbol. Su mamá lo besó cuando se graduó, y le habló de la universidad. ¿La universidad? Sería una locura considerar eso. Sin embargo, finalmente se decidió por la Universidad de Texas en el Paso, donde podía tener una oportunidad con el equipo de básketbol. Dio un respiro, cerró los ojos... y volvió a cruzar las líneas enemigas.

Ya en la universidad, John preguntó a cada uno de sus nuevos amigos: ¿Qué profesores hacen pruebas de test? ¿Cuáles dan varias alternativas? Al momento en que salía de una clase, arrancaba las páginas garabateadas de sus cuadernos, por si alguien le pedía ver sus apuntes. Permanecía en las noches mirando fijamente gruesos libros de texto, de manera que su compañero de cuarto no dudara. Y se acostaba exhausto pero sin poder dormir, incapaz de lograr que su mente zumbadora le permitiera hacerlo. Prometió a Dios que iría a misa treinta días seguidos en la madrugada, si le permitía graduarse.

Obtuvo el diploma. Le dio a Dios sus treinta misas. ¿Y ahora qué? Quizás era adicto a los extremos. Tal vez su mente, aquello de lo que más se sentía inseguro, fuera lo que él necesitaba que se le admirara más. Quizás por eso fue que en 1961 se convirtió en maestro.

John enseñó en California. Cada día hacía que un estudiante leyera el libro escolar a la clase. Ponía a todos test iguales que pudiera calificar colocando una plantilla con agujeros sobre cada respuesta correcta, y permanecía en cama deprimido por horas durante los fines de semana.

Entonces conoció a Kathy, una excelente estudiante y enfermera. No una hoja como él, sino una roca.

—Hay algo que tengo que decirte Kathy —le dijo una

noche en 1965, antes de su matrimonio—. Yo... yo no puedo leer.

Él es un maestro —pensó ella—. Lo que quiere decir es que no puede leer bien.

Kathy no entendió hasta varios años después, cuando vio que John era incapaz de leer un libro infantil a su hija de dieciocho meses. Kathy le llenaba sus formularios, y le leía y escribía sus cartas. ¿Por qué él sencillamente no le pedía que le enseñara a leer y a escribir? No podía creer que alguien pudiera enseñarle.

Cuando tenía veintiocho años pidió prestados $2.500, compró una segunda casa, la arregló y la alquiló. Compró y alquiló otra. Y otra. Su negocio creció y creció hasta que necesitó una secretaria, un abogado y un socio.

Entonces un día su contador le dijo que era millonario. Perfecto. ¿Quién se daría cuenta de que un millonario siempre halaba las puertas en las que decía empuje, o vacilaba antes de entrar a los baños públicos, esperando a ver de cuál salían los hombres?

En 1982, los precios comenzaron a caer en el mercado. Sus propiedades se desocupaban y sus inversionistas se retiraban. Amenazas de embargos y juicios lo inundaban de cartas. Cada momento que pasaba despierto le parecía que estaba rogando a los banqueros que le extendieran los préstamos, persuadiendo a los constructores a permanecer en su trabajo, y tratando de darle sentido a la pirámide de papel. Pronto supo que lo tendrían en el banquillo de los testigos, y el hombre de túnica negra le diría: «La verdad, John Corcoran. ¿Ni siquiera puedes leer?»

Finalmente, en el otoño de 1986, a la edad de cuarenta y ocho años, John hizo dos cosas que había jurado no hacer jamás: Puso su casa como garantía para obtener un último préstamo para construir; y entró en la biblioteca de Carlsbad City, y dijo a la mujer a cargo del programa de instrucción particular: «No sé leer».

Entonces lloró.

Lo ubicaron con una abuela de sesenta y cinco años, llamada Eleanor Condit. Con esmero —letra por letra, fonéticamente— ella comenzó a enseñarle. En el plazo de catorce meses su compañía inmobiliaria empezó a revivir. John Corcoran estaba aprendiendo a leer.

El siguiente paso fue la confesión: un discurso ante doscientos asombrados negociantes en San Diego. Para curarse, tuvo que confesarlo todo. Lo colocaron en la Junta de Directores de Alfabetización del Ayuntamiento de San Diego, y empezó a viajar por todo el país dictando conferencias.

«¡El analfabetismo es una forma de esclavitud!» gritaba. «No podemos desperdiciar el tiempo culpando a alguien. Debemos estar obsesionados en enseñar a leer a la gente!»

Leyó todo libro o revista que caía en sus manos, y cada letrero que encontraba en la carretera lo leía en alta voz, tanto como Kathy podía soportarlo. Era glorioso, como cantar. Y ahora podía dormir.

Entonces un día le sucedió algo que finalmente pudo hacer. Sí, esa caja empolvada en su oficina, ese legajo de papeles atados con una cinta... un cuarto de siglo después, John Corcoran pudo leer las cartas de amor de su esposa.

Gary Smith

Abraham Lincoln no se dio por vencido

El sentido de obligación para continuar está presente en todos nosotros. El deber de luchar es el deber de todos nosotros. Siento un llamado a ese deber.

Abraham Lincoln

Probablemente el más grande ejemplo de persistencia es Abraham Lincoln. Si quieres aprender algo sobre alguien que no se dio por vencido, no busques más.

Nacido en la pobreza, Lincoln se enfrentó con la derrota toda la vida. Perdió ocho elecciones, fracasó dos veces en negocios y enfermó de los nervios.

Se hubiera dado por vencido muchas veces, pero no lo hizo, y por eso se convirtió en uno de los más grandes presidentes en la historia de los Estados Unidos.

Lincoln fue un campeón, y nunca se dio por vencido. He aquí un bosquejo de su camino hacia la Casa Blanca:

1816 Su familia fue sacada por la fuerza de su casa. Él tuvo que trabajar para sostenerla.
1818 Murió su madre.
1831 Fracasó en los negocios.
1832 Se lanzó como candidato a la legislatura del estado, y *per-*

dió.

1832 También perdió su trabajo, quiso entrar a la facultad de leyes y no pudo.

1833 Pidió dinero prestado a un amigo para comenzar un negocio, pero al finalizar el año estaba en bancarrota.Pasó los siguientes diecisiete años de su vida pagando la deuda.

1834 Presentó otra vez su candidatura para la legislatura del estado y *ganó.*

1835 Estando comprometido para casarse, murió su novia, y esto lo dejó destrozado.

1836 Enfermó de los nervios, y estuvo en cama durante seis meses.

1838 Buscó ser el presidente de la legislatura del estado y *perdió.*

1840 Buscó ser miembro de un colegio electoral y *perdió.*

1843 Se lanzó como candidato para el congreso y *perdió.*

1846 Presentó su candidatura para el congreso *y esta vez ganó,* fue a Washington y tuvo un buen desempeño.

1848 Se presentó para la reelección al congreso *y perdió.*

1849 Buscó el empleo de encargado de la oficina de catastro en su estado natal *y fue rechazado.*

1854 Presentó su candidatura para el Senado de los Estados Unidos *y perdió.*

1856 Buscó la nominación vicepresidencial en la convención nacional de su partido, y obtuvo menos de cien votos.

1858 Se presentó de nuevo para el Senado de los Estados Unidos *y perdió otra vez.*

1860 *Fue elegido presidente de los Estados Unidos.*

Fuente desconocida

El sendero era áspero y resbaladizo. Uno de mis pies resbaló golpeando al otro y sacándolo del camino, pero me recuperé y me dije: «Es un resbalón, no una caída».

Abraham Lincoln
Después de perder una elección para el Senado

Lección de un hijo

La pasión de mi hijo por el deporte de la tabla hawaiana comenzó a la edad de trece años. Diariamente, antes y después de clases, se ponía su húmedo pantalón de baño, llevaba su tabla más allá de la línea de oleaje, y esperaba el desafío de sus compañeros que tenían entre metro y metro con ochenta de estatura. El amor de Daniel por deslizarse sobre las olas se probó una fatídica tarde.

—Tu hijo ha tenido un accidente —informó por teléfono el salvavidas a mi esposo Mike.

—¿Es grave?

—Sí. Cuando se deslizaba sobre la cresta de una ola, la punta de la tabla lo golpeó directamente en el ojo.

Mike se dirigió rápidamente a la sala de emergencias, y después lo enviaron al consultorio del cirujano plástico. Al muchacho le cosieron veintiséis puntos, desde el borde del ojo hasta el puente de la nariz.

Yo volaba a casa después de haber dictado un discurso, mientras cosían el ojo de Dan. Mike fue directamente al aeropuerto después de que salió del consultorio del médico. Me saludó en la puerta y me dijo que Dan estaba en el automóvil.

—¿Daniel? —pregunté mientras recordaba que las olas deberían haber estado fatales ese día.

—Tuvo un accidente, pero se pondrá bien.

La peor pesadilla para una madre viajera se había hecho realidad. Corrí al auto tan rápidamente, que el tacón del zapato se rompió. Abrí la puerta de un tirón, y vi a mi hijo menor con el ojo parchado mientras llorando se inclinaba hacia mí con los brazos extendidos.

—Mamá, estoy muy contento de que hayas regresado.

Lloré entre sus brazos diciéndole cuán miserable me sentía por no haber estado en casa cuando llamó el salvavidas.

—Está bien mamá —me consoló—. De todas maneras tú no sabes como usar la tabla hawaiana.

—¿Cómo? —pregunté, confundida por su reflexión.

—Estaré bien. El doctor dice que puedo volver al agua en ocho días.

¿Estaba loco? Quise decirle que no le permitiría acercarse de nuevo al agua hasta que tuviera treinta y cinco años, pero me mordí la lengua y oré para que se olvidara de ese deporte para siempre.

En los siete días siguientes, él insistía en que le permitiera volver a la tabla. Un día después de que enfáticamente le había repetido «No» por centésima vez, me venció con mis propios argumentos.

—Mamá, tú nos enseñaste que jamás debemos renunciar a lo que amamos.

Entonces me entregó un soborno: un poema enmarcado de Langston Hughes, que él había comprado «porque me hizo recordarte».

De madre a hijo

Bien hijo, te diré:
La vida no ha sido una escalera de cristal para mí.
Ha habido tachuelas en ella.
Y astillas,

y tablas rotas,
y lugares sin alfombras en el piso,
desnuda.
Pero todo el tiempo
he estado subiendo,
y llegando a los descansos
y doblando las esquinas,
y a veces yendo en medio de la oscuridad
donde nunca había habido luz.
Así que hijo, no regreses,
no te detengas en los escalones
"porque es trabajoso subir".
No caigas ahora,
porque yo todavía sigo, querido,
todavía estoy subiendo
y para mí la vida no ha sido una escalera de cristal.

Me di por vencida.

Entonces recordé cuando Daniel era sólo un niño apasionado por ese deporte. Hoy es un hombre con responsabilidad. Está entre los veinticinco mejores del mundo en tabla hawaiana.

Probé en mi propio terreno un principio importante que transmito en las conferencias que dicto en ciudades distantes: «Los apasionados abrazan lo que aman, y nunca se dan por vencidos».

Danielle Kennedy

¿Fracasos? ¡No! Sólo retrocesos Temporales

Ver las cosas en la semilla, eso es ser un genio.

Lao-tzu

Si pudieras visitarme en mi oficina en California notarías que al lado opuesto de la habitación hay una hermosa fuente de soda de caoba de estilo español antiguo, con nueve banquetas forrados de cuero (de la clase que había en las antiguas droguerías). ¿Extraño? Sí. Pero si esas banquetas hablaran te contarían del día en que casi pierdo la esperanza y me doy por vencida.

Fue después de la recesión que siguió a la Segunda Guerra Mundial, cuando los empleos escaseaban. Mi esposo Cowboy Bob había comprado con dinero prestado un pequeño negocio de lavado en seco. Teníamos dos preciosos bebés, una casa móvil, un auto y todos los acostumbrados pagos mensuales. Entonces tocamos fondo. No había dinero para pagar la hipoteca ni ninguna otra cosa.

Sentí que no tenía talento especial alguno, ninguna preparación ni educación universitaria. No pensaba mucho en mí. Pero recordé a alguien de mi pasado —mi profesora de inglés del colegio Alhambra— que pensaba que yo tenía alguna habilidad. Ella me animó a seguir periodismo, y me puso a dirigir la publicidad y los artículos del periódico del colegio.

—Si yo pudiera escribir una «guía de compradores» para el pequeño periódico semanal de nuestro pueblo rural, tal vez ganaría el pago de la hipoteca.

No tenía auto ni niñera para los bebés. Así que tuve que empujar a mis dos hijos en un destartalado cochecito, con una almohada atada en el espaldar. La rueda comenzó a salirse, la golpeé con el tacón del zapato y seguí adelante. Estaba decidida a que mis hijos no perdieran su casa, como me había sucedido a mí cuando era niña.

Sin embargo, en la oficina del periódico no había empleos disponibles. Recesión. Se me vino una idea. Les pregunté si podría comprar un espacio para anuncios al por mayor, y venderlo al detal como una «guía de compradores». Aceptaron, diciéndome más tarde que mentalmente me habían dado una semana para empujar esa carreta tan pesada por los caminos rurales, antes de que renunciara.

Pero se equivocaron.

La idea de la columna en el periódico dio resultado. Gané suficiente dinero para el pago de la casa, y para comprar un viejo automóvil usado que Cowboy Bob encontró para mí. Luego pagué a una muchacha estudiante de secundaria, para que cuidara a mis hijos todas las tardes de tres a cinco. Cuando el reloj daba las tres, tomaba las muestras de mis periódicos y salía volando a cumplir con mis citas.

Pero en una tarde oscura y lluviosa todos los candidatos para la publicidad, con los cuales había estado trabajando, me rechazaron cuando fui a recoger sus pedidos.

—¿Por qué? —pregunté.

Dijeron que habían notado que Ruben Ahlman, presidente de la Cámara de Comercio, y propietario de la tienda Rexall Drug, no utilizaba mi publicidad. Su tienda era la más conocida en el pueblo. Ellos respetaban su juicio.

—Debe haber algo malo con su publicidad —explicaron. Mi corazón dio un brinco. Esos cuatro anuncios me hubieran dado para pagar la casa. Entonces pensé que debía hablar con el señor Ahlman una vez más. Todos lo querían y lo respetaban. Seguramente él escucharía. Había rehusado verme cada vez que había tratado de acercarme a él. Siempre se encontraba «fuera» o no estaba disponible. Sabía que si él utilizaba mi publicidad, los demás comerciantes en el pueblo lo seguirían.

Esta vez, cuando entré a la droguería Rexall, él estaba allí en el mostrador de las recetas, en el fondo. Sonreí con mi mejor sonrisa, y apreté mi preciosa «guía de compradores», cuidadosamente señalada con el lápiz verde de mi hijo.

—Todos respetan su opinión señor Ahlman —le dije—. ¿Podría solamente mirar un momento mi trabajo, para que yo pueda decirles a los demás comerciantes qué es lo que usted piensa?

Su boca se volvió perpendicular en una U al revés. Sin decir una sola palabra, sacudió enfáticamente la cabeza, en señal de un frío «¡No!» Mi golpeado corazón cayó al piso con tal batacazo, que pensé que todos lo habrían oído.

Repentinamente todo mi entusiasmo se fue. Logré avanzar hasta la vieja y hermosa fuente de soda que había en la parte delantera de la droguería, sintiendo que no tenía fuerzas para manejar hasta la casa. No quería sentarme en la fuente de soda sin comprar algo, por eso saqué mi última moneda y ordené un refresco de cereza. Me preguntaba desesperadamente qué podía hacer. ¿Perderían los niños su casa, como me había pasado a mí tantas veces mientras crecía? ¿Estaba equivocada mi profesora de periodismo? Tal vez el talento del que ella había hablado era solamente un fiasco. Mis ojos se llenaron de lágrimas.

—¿Qué pasa querida? —dijo una suave voz junto a mí en

la banqueta contigua de la fuente de soda.

Miré al simpático rostro de una encantadora señora de pelo canoso. Le conté toda mi historia, terminando así:

—Pero el señor Ahlman, a quien todos respetan tanto, no quiso mirar mi trabajo.

—Déjame ver esa guía de compradores —dijo.

Tomó mi artículo marcado del periódico en sus manos, y lo leyó cuidadosamente en su totalidad. Luego giró a la redonda sobre la banqueta, se puso de pie, miró hacia el mostrador de las recetas, y con voz de mando, que pudo haberse oído en toda la cuadra, dijo:

—¡Ruben Ahlman, ven *aquí!*

¡La dama era la señora Ahlman!

Le dijo a Ruben que me comprara la publicidad. La boca de él tomó una forma diferente ahora, con una gran sonrisa. Luego me pidió los nombres de los cuatro comerciantes que me habían rechazado. Fue al teléfono y llamó a cada uno. Me dio un abrazo y me dijo que me estaban esperando, y que regresara a tomar sus pedidos.

Ruben y Vivian Ahlman llegaron a ser nuestros queridos amigos, así como también permanentes clientes de publicidad. Descubrí que Ruben era un hombre encantador, que compraba de todos. Había prometido a Vivian no comprar ninguna publicidad más, y sólo trataba de mantener su palabra. Si tan sólo hubiera preguntado a los demás en el pueblo, habría sabido que debía haber hablado con la señora Ahlman desde el principio. Esa conversación sobre las banquetas de la fuente de soda fue el punto clave. Mi negocio de publicidad prosperó y creció hasta ocupar cuatro oficinas, con 285 empleados atendiendo a cuatro mil contratos continuos de ventas de publicidad.

Más tarde, cuando el señor Ahlman modernizó la antigua droguería y quitó la fuente de soda, mi querido esposo Bob la compró y la instaló en mi oficina. Si estuvieras aquí en

California, nos podríamos sentar juntos en las banquetas de la fuente de soda. Te serviría un refresco de cereza, y te diría que nunca debes darte por vencido, recordando que la ayuda está siempre más cerca de lo que pensamos.

Luego te diría que busques mayor información, si no puedes comunicarte con una persona clave. Prueba otro camino que pueda conducirte a ella. Busca a alguien que pueda comunicarse en su nombre, como una tercera persona. Y, finalmente, serviría esas espumosas y refrescantes palabras de Bill Marriott de los hoteles Marriott:

¿Fracaso? Nunca lo hallé. Todo lo que encontré fue tan sólo retrocesos temporales.

Dottie Walters

Para ser más creativo, estoy esperando por...

1. Inspiración
2. Permiso
3. Seguridad
4. El café listo
5. Mi turno
6. Alguien para allanar el camino
7. El descanso de las reglas
8. Alguien para cambiar
9. Calles más anchas
10. Venganza
11. Que las estacas sean más bajas
12. Más tiempo
13. Una importante relación para:
    a) mejorar
    b) terminar
    c) que suceda
14. La persona adecuada
15. Un desastre
16. Tiempo para casi salir corriendo
17. Un obvio chivo expiatorio

18. Que los muchachos se vayan del hogar
19. Un Dow-Jones de 1.500
20. Que el león se acueste con el cordero
21. Consentimiento mutuo
22. Un tiempo mejor
23. Un horóscopo más favorable
24. Que regrese mi juventud
25. El aviso de dos minutos
26. La profesión legal para reformar
27. Que Richard Nixon sea reelegido
28. Edad que me conceda el derecho de excentricidad
29. Mañana
30. Jota o algo mejor
31. Mi chequeo anual
32. Un mejor círculo de amigos
33. Que las estacas sean más altas
34. El semestre para comenzar
35. Que se aclare mi camino
36. Que el gato deje de arañar el sofá
37. Una ausencia de riesgo
38. Que el perro de la casa vecina, que ladra demasiado, se vaya del pueblo
39. Que mi tío regrese del servicio militar
40. Que alguien me descubra
41. Guardas de seguridad más adecuados
42. Un pequeño capital que gane interés
43. Que el estatuto de limitaciones se elimine
44. Que mis padres mueran (¡broma!)
45. Una cura para el Herpes/SIDA
46. Que las cosas que no entiendo o no apruebo desaparezcan
47. Que las guerras terminen
48. Que mi amor se reavive
49. Que alguien mire

50. Una hoja de instrucciones claramente escrita
51. Mejor control de la natalidad
52. Que pase la ERA
53. Fin a la pobreza, a la injusticia, a la crueldad, a la codicia, a la incompetencia, a la pestilencia, al crimen y a las sugerencias ofensivas.
54. Que una patente de la competencia expire
55. Que Chicken Little regrese
56. Que mis subordinados maduren
57. Que mi yo mejore
58. Que la olla hierva
59. Mi nueva tarjeta de crédito
60. El afinador de pianos
61. Que esta reunión termine
62. Que mis cuentas por cobrar se hagan efectivas
63. Que el control de desempleo desaparezca
64. La primavera
65. Que mi vestido vuelva de la lavandería
66. Que mi autoestima se restaure
67. Una señal del cielo
68. Que mis pensiones de divorcio cesen de gravarme
69. Que mis brillantes sean enterrados dentro de mis primeros esfuerzos por ser reconocido, aplaudido y premiado sustancialmente de manera que pueda trabajar cómodamente en el segundo bosquejo cómodamente
70. Una reinterpretación de las *Reglas de orden de Robert*
71. Que varios achaques y dolores se calmen
72. Colas más cortas en el banco
73. El viento para refrescar
74. Que mis hijos sean considerados, pulcros, obedientes y que se sostengan solos
75. La siguiente estación

76. Alguien más a quien hacerle una mueca
77. Que mi vida ordinaria se declare «un ensayo con los vestidos», con algunos cambios en el guión antes de la noche del estreno
78. Lógica para prevalecer
79. La próxima vez en dirección contraria
80. Que no me hagas sombra
81. Que mi barco venga
82. Un mejor desodorante
83. Que mi disertación termine
84. Un lápiz afilado
85. Que el cheque se haga efectivo
86. Que mi esposa, la película o el bumerang regresen
87. La aprobación de mi médico, el permiso de mi padre, la bendición de mi ministro o el visto bueno de mi abogado
88. Mañana
89. Que California se hunda en el océano
90. Un tiempo menos turbulento
91. Que Iceman venga
92. Una oportunidad para llamar por cobrar
93. Una mejor ruina
94. Que mi esmoquin pida con urgencia ser dado de baja
95. Que los intereses bajen
96. Que los intereses suban
97. Que los intereses se estabilicen
98. Que el patrimonio de mi abuelo se establezca
99. Tarifas de fin de semana
100. Una tarjeta de apuntes
101. Que tú vayas primero

David B. Campbell

Todos pueden hacer algo

*La diferencia básica entre un hombre ordinario y un
guerrero, es que un guerrero lo toma todo como un
desafío, mientras que un hombre ordinario toma todo
como una bendición o como una maldición.*

Don Juan

Roger Crawford tenía todo lo que necesitaba para jugar
tenis, a excepción de dos manos y una pierna.

Cuando sus padres lo miraron por primera vez, lo que
vieron fue un bebé con algo así como una proyección del
pulgar, que se extendía directamente de su antebrazo derecho; y un pulgar y un dedo que se extendían de su antebrazo
izquierdo. No tenía palmas. Los brazos y las piernas del
bebé estaban acortados, y tenía sólo tres dedos en su enco-
gido pie derecho, y una atrofiada pierna izquierda, que más
tarde se le amputaría.

El médico dijo que Roger sufría de ectrodactilismo, un
raro defecto de nacimiento que afectaba sólo a uno entre
noventa mil niños nacidos en los Estados Unidos. También
dijo que Roger probablemente no caminaría nunca, ni podría
cuidarse por sí solo.

Afortunadamente los padres de Roger no creyeron al médico.

«Mis padres siempre me enseñaron que yo era tan incapacitado como quisiera serlo», dijo Roger. «Nunca me permitieron sentir lástima por mí mismo, o sacar ventaja de las personas debido a mi incapacidad. Una vez me metí en un problema porque mis tareas de la escuela estaban continuamente atrasadas», explicó Roger, quien tenía que sostener el lápiz con ambas «manos» para escribir lentamente. «Pedí que papá escribiera una nota a mis maestros pidiéndoles una extensión de dos días para entregar mis tareas. ¡En vez de eso papá me hizo comenzar a hacerlas dos días antes!»

Su padre siempre lo animó a que participara en los deportes, enseñándole a atrapar y lanzar una pelota de volibol, y a jugar fútbol en el patio trasero, después de clases. A los doce años Roger se esforzó por ganar un puesto en el equipo de fútbol de la escuela.

Antes de cada partido, Roger visualizaba su sueño de anotar. Entonces un día tuvo su oportunidad. La pelota cayó en sus brazos, y él arrancó tan rápido como pudo con su pierna artificial hacia la línea de meta, animado por los gritos de su entrenador y compañeros de equipo. Pero en la línea de las diez yardas, un jugador del equipo contrario lo agarró del tobillo izquierdo. Hizo un esfuerzo por liberar su pierna artificial, pero en vez de eso esta terminó saliéndose.

«Todavía estaba de pie» recuerda Roger. «Sabía qué más tenía que hacer, así que traté de llegar a la meta. El árbitro corrió y levantó las manos al aire. «¡Touchdown!» Te puedes imaginar, aun mejor que los seis puntos ganados, era la mirada en la cara del otro tipo que tenía entre sus brazos mi pierna artificial.

El amor que Roger sentía por los deportes aumentaba, así como la confianza en sí mismo. Pero no todos los obstáculos cedían ante su determinación. Comer en el comedor con los otros muchachos que lo observaban conducirse torpemente con los alimentos era muy doloroso para él, como lo era su repetido fracaso en las clases de mecanografía. «Aprendí una buena lección de la clase de mecanografía», dijo. «Tú no puedes hacer *todo*, es mejor que te concentres en lo que *puedes* hacer.

Algo que Roger sí podía hacer era manejar una raqueta de tenis. Desgraciadamente, al agarrarla débilmente cuando la blandía con mucha fuerza, por lo general la lanzaba al espacio. Por suerte encontró de casualidad una extraña raqueta de tenis en una tienda de deportes, y por accidente cuando la agarró metió su dedo entre el mango doblemente asegurado. El ajuste apropiado hizo posible que pudiera manejar la raqueta, y servir y golpear como un jugador totalmente capacitado. Practicó todos los días, y pronto estaba jugando —y perdiendo— partidos.

Pero Roger persistió. Practicó y practicó, y jugó y jugó. La cirugía de sus dos dedos de la mano izquierda le había capacitado para agarrar mejor su raqueta especial, mejorando enormemente su juego. Aunque no tenía modelos que lo dirigieran, se obsesionó con el tenis, y con el tiempo comenzó a ganar.

Roger continuó jugando tenis en la universidad, terminando su carrera con veintidós triunfos y once derrotas. Llegó a ser el primer jugador de tenis físicamente incapacitado, certificado por la Asociación de Tenis Profesional de los Estados Unidos para enseñar profesionalmente. Ahora Roger viajaría por el país, dictando conferencias sobre lo que se necesita para ser un ganador, no importa quién sea.

«La única diferencia entre tú y yo es que tú puedes ver mi incapacidad, pero yo no puedo ver la tuya. *Todos* las tenemos. Cuando la gente me pregunta cómo he podido vencer mis limitaciones físicas, digo que yo no he tenido que vencer nada. Simplemente he aprendido qué no puedo hacer

—tal como tocar el piano o comer con palillos— pero lo que es más importante, he aprendido qué *puedo* hacer. Luego hago lo que puedo con todo mi corazón y con toda mi alma».

Jack Canfield

Sí, tú puedes

Experiencia no es lo que le sucede a un hombre. Es lo que un hombre hace con lo que le sucede.

Aldous Huxley

¿Qué pasaría si a la edad de cuarenta y seis años, en un terrible accidente de motocicleta te quemaras hasta quedar irreconocible, y cuatro años más tarde quedaras paralizado de la cintura hacia abajo a causa de un accidente de aviación? ¿Te puedes imaginar siendo luego un millonario, un respetado orador público, un recién casado feliz y un próspero hombre de negocios? ¿Te puedes ver cruzando los ríos en balsa? ¿Lanzándote en paracaídas? ¿Dirigiendo una oficina política?

W. Mitchell ha hecho todas estas cosas y más, *después* de que dos horribles accidentes dejaran en su cara un colchón multicolor de injertos de piel, sus manos sin dedos, y sus piernas flacas e inválidas en una silla de ruedas.

Las dieciséis intervenciones quirúrgicas que Mitchell soportó luego de que el accidente de motocicleta quemara más de 65% de su cuerpo, lo dejaron incapacitado para levantar un tenedor, para marcar un número telefónico, o para ir al baño sin ayuda. Pero Mitchell, un ex marino, nunca creyó que estaba derrotado. «Estoy a cargo de mi propia nave espacial», dijo. «Es mi triunfo, mi fracaso. Podría decidir ver esta situación como un retroceso o como un punto de arranque». Seis meses más tarde estaba piloteando de nuevo un avión.

Mitchell compró una casa estilo victoriano en Colorado, algunos bienes raíces, un avión y un bar. Más tarde se asoció con dos amigos y cofundó una compañía de estufas a leña, que creció hasta convertirse en el segundo empleador privado más grande de Vermont.

Entonces, cuatro años después del accidente de motocicleta, el avión que Mitchell estaba piloteando se estrelló en el carreteo durante el despegue, y él se rompió doce vértebras torácicas y se paralizó permanentemente de la cintura para abajo. «Me pregunté qué diablos me estaba sucediendo. ¿Qué hice para merecer esto?»

Impertérrito, Mitchell trabajó día y noche para recuperar toda la independencia que le fuera posible. Fue elegido alcalde de Crested Butte, Colorado, para salvar al pueblo de la explotación mineral que arruinaría el ambiente y su belleza. Presentó más tarde su candidatura para el Congreso, convirtiendo su extraña apariencia en una ventaja con lemas tales como: «No sólo otra cara bonita».

A pesar de su impactante apariencia inicial e imposibilidades físicas, Mitchell comenzó a cruzar en balsa los ríos, se enamoró y se casó, obtuvo un grado de maestría en administración pública y continuó volando, siendo activista del ambiente y hablando en público.

La inconmovible actitud mental positiva de Mitchell le ha permitido aparecer en los programas de televisión «Today Show» y «Buenos días América», así como también en artículos en *Parade, Time, The New York Times* y otras publicaciones.

«Antes de quedar paralizado había diez mil cosas que podía hacer», dice Mitchell. «Ahora hay nueve mil. Puedo, o estancarme en las mil que perdí, o concentrarme en las nueve mil que han quedado. Le digo a la gente que he tenido dos grandes golpes en mi vida. He decidido no utilizarlos como una excusa para darme por vencido. Entonces quizá algunas de las experiencias que tú tengas, que te estén echando atrás, puedan ponerse en una nueva perspectiva. Puedes dar un paso atrás, dar una mirada más amplia, y tener una oportunidad para decir: «Tal vez eso no es tan importante, después de todo».

Recuerda: «No es lo que te sucede, es lo que haces con lo que te sucede».

Jack Canfield y Mark V. Hansen

Corre, Patti, corre

A una edad joven y tierna, el médico dijo a Patti Wilson que era epiléptica. Su padre, Jim Wilson, acostumbra correr en las mañanas.

Un día, ella sonrió estando con sus abrazaderas ortopédicas, y dijo:

—Papito, en realidad me encantaría correr contigo todos los días, pero tengo miedo de sufrir un ataque.

—Si eso te sucede yo sé cómo manejar la situación, ¡así que comencemos a correr! —replicó su padre.

Eso es precisamente lo que ella necesitaba cada día. Fue una maravillosa experiencia que tenían en común, y no hubo ataques mientras corrían. Después de unas pocas semanas le dijo a su padre:

—Lo que realmente me encantaría hacer es romper el récord mundial para damas, en carreras de larga distancia.

Su padre revisó el libro de récords de *Guinnes,* y encontró que lo máximo que una mujer había corrido eran ochenta millas. Como alumna de segundo año de la escuela secundaria, Patti anunció:

—Voy a correr desde el Condado de Orange hasta San Francisco (una distancia de 400 millas). Como alumna de segundo año —continuó— voy a correr hasta Portland,

Oregón (más de 1.500 millas). Como estudiante de penúltimo año correré hasta St. Louis (aproximadamente 2.000 millas). Como estudiante de último año correré hasta la Casa Blanca (más de 3.000 millas de distancia).

En vista de su incapacidad, Patti era tan ambiciosa como entusiasta, pero decía que miraba a la incapacidad de ser epiléptica simplemente como «una inconveniencia». Ella se preocupó no de lo que había perdido, sino de lo que le «quedaba».

Ese año terminó su carrera a San Francisco, usando una camiseta que decía: «Amo a los epilépticos». Su padre corría cada milla a su lado, y su madre, una enfermera, iba en una casa rodante detrás de ellos en caso de algo saliera mal. En su segundo año los compañeros de clase de Patti iban detrás de ella. Hicieron un póster gigante que decía: «¡Corre, Patti, corre!» (este ha llegado a ser su lema, y el título de un libro que escribió). En su segunda maratón, en ruta a Portland, se fracturó un hueso del pie. El médico le dijo que debía suspender la carrera.

—He puesto un vendaje enyesado en tu tobillo para que no sufras un daño permanente —le dijo.

—Doctor, usted no entiende —replicó ella— esto no es sólo un capricho mío, ¡es una magnífica obsesión! No lo estoy haciendo sólo por mí, lo estoy haciendo para romper las cadenas que hay en los cerebros que limitan a muchos. ¿No hay una manera de que pueda seguir corriendo?

Le dio una alternativa. Podría envolverlo en una venda adhesiva en vez de ponerle yeso. Le advirtió que sería increíblemente doloroso.

—Se hará ampolla —le dijo el médico.

Ella pidió que la vendara.

Terminó la carrera a Portland completando su última milla con el gobernador de Oregón. Tú puedes haber leído los titulares: «La Supercorredora Patti Wilson Concluye la

Maratón por la Epilepsia en su Cumpleaños Número Diecisiete».

Después de cuatro meses de casi una continua carrera de la costa oeste a la costa este, Patti llegó a Washington y estrechó la mano del presidente de los Estados Unidos.

—Quisiera que la gente supiera que los epilépticos son seres humanos normales, con vidas normales —le manifestó.

No hace mucho conté esta historia en uno de mis seminarios, y al final un hombre grande con los ojos húmedos se me acercó, extendió su manaza y me dijo:

—Mark, mi nombre es Jim Wilson. Usted hablaba de mi hija Patti.

Me dijo que debido a los nobles esfuerzos de ella, había levantado suficiente dinero para abrir diecinueve centros epilépticos multimillonarios en todo el país.

Patti Wilson puede hacer tanto con tan poco, ¿qué puedes hacer tú para realizarte en un estado de total bienestar?

Mark V. Hansen

El poder de la determinación

La pequeña escuela de campo se calentaba con una antigua estufa de carbón. Un niño era el encargado de ir a la escuela temprano cada día para prender el fuego y calentar la habitación, antes de que sus compañeros y la maestra llegaran.

Una mañana ellos llegaron y encontraron a la escuela envuelta en llamas. Arrastraron al inconsciente niño fuera del edificio que ardía, más muerto que vivo. Tenía quemaduras mayores sobre la parte baja de su cuerpo, por lo que se le llevó al hospital del condado vecino.

Desde su cama, el niño terriblemente quemado y semiconsciente escuchó al médico que hablaba con su madre. Este le dijo que su hijo seguramente moriría —lo cual sería realmente lo mejor— porque el horrible fuego había consumido la mitad inferior de su cuerpo.

Pero el valiente niño no quería morir. Se propuso en su mente que sobreviviría. De alguna manera, para sorpresa del médico, sobrevivió. Cuando pasó el peligro mortal, oyó nuevamente al médico y a su madre hablando silenciosamente. Este le dijo que puesto que el fuego había destruido mucha carne en la parte inferior de su cuerpo, lo mejor hubiera sido mueriera, ya que estaba condenado de por vida a ser un paralítico sin uso de sus miembros inferiores.

Una vez más, el valiente muchacho se propuso pensar de otra forma. Él *no* sería un paralítico. Caminaría. Pero desgraciadamente de la cintura hacia abajo no tenía movimiento. Las delgadas piernas sólo colgaban allí, pero sin vida.

Finalmente fue dado de alta del hospital. De día su madre le hacía masajes en las pequeñas piernas, pero no tenía sensibilidad ni control ni nada. Sin embargo, su determinación de que caminaría era cada vez más fuerte.

Cuando no estaba en cama, permanecía confinado a una silla de ruedas. Sin embargo, un día soleado su madre lo llevó en la silla de ruedas hacia el patio, para que recibiera aire fresco. Ese día, en lugar de estar sentado allí, se lanzó de la silla. Se tiró a través de la yerba, arrastrando las piernas detrás de él.

Luchó para llegar a la cerca blanca que bordeaba el terreno. Con gran esfuerzo se levantó sobre ella. Luego, estaca por estaca, comenzó a arrastrarse a lo largo de la cerca resuelto a caminar. Hacía esto todos los días, hasta que formó un sendero llano alrededor del patio junto a la cerca. No había nada que quisiera más, que desarrollar la vida en esas piernas.

Finalmente, por los masajes diarios, por su persistencia de hierro y por su resoluta determinación, desarrolló primero la habilidad para ponerse en pie, después para caminar vacilantemente, luego para caminar por sí mismo, y más tarde... para correr.

Comenzó a caminar para ir a la escuela, después a correr para ir a la escuela, y a correr por el placer de correr. Con el tiempo formó parte del equipo de carreras atléticas de la universidad.

Más tarde aún, en el Madison Square Garden, este joven de quien no se esperaba que sobreviviera, de quien no se esperaba que jamás caminara, que nunca tuvo la esperanza

de correr —este joven determinado, el doctor Glenn Cunn-
ingham— ¡fué el más rápido corredor de la milla en el
mundo!

Burt Dubin

Fe

Somos una especie resistente, nosotros los cuadraplé-jicos. Si no lo fuéramos, no estaríamos aquí. Sí, somos una especie resistente. De muchas maneras se nos bendijo con un sentido común y con un espíritu que no se da a todos.

Y déjame decirte que este rehusamiento a una total acep-tación de la incapacidad de uno tiene su asidero en algo: la fe, una fe casi divina.

Allí, en la recepción del Instituto de Medicina Física y Rehabilitación en East River 400 East 34th St. en la ciudad de Nueva York, hay una placa de bronce clavada en la pared. Durante dos meses de ir al instituto para tratamiento —dos o tres veces a la semana— pasé mi silla de ruedas por la recepción muchas veces yendo y viniendo. Pero nunca me di el tiempo suficiente para hacerme a un lado, y leer las palabras escritas en la placa, según se dice, por un desco-nocido soldado de la confederación.

Pero una tarde lo hice. Lo leí, y luego lo leí otra vez. Cuando terminé de leerla por segunda vez estaba cerca de romper en llanto... no de desesperación, sino con un brillo interior que hacía que me agarrara fuertemente de los bra-zos de mi silla de ruedas. Quisiera compartirlo contigo.

Un credo para los que han sufrido

Pedí a Dios fortaleza para que pudiera triunfar.
Me dio debilidad para que pudiera aprender a obedecer
humildemente...

Pedí salud para que pudiera hacer grandes cosas.
Me dio enfermedad para que pudiera hacer mejores
cosas...

Pedí riquezas para que pudiera ser feliz.
Me dio pobreza para que pudiera ser sabio...

Pedí poder para que pudiera tener el elogio de los
hombres.
Me dio debilidad para que pudiera sentir la necesidad de
Dios...

Pedí todas las cosas para que pudiera disfrutar de la vida.
Me dio la vida para que pudiera disfrutar de todas las
cosas...

No conseguí nada de lo que había pedido, sino todo de lo
que había esperado.

Casi a pesar de mí mismo, mis oraciones no elevadas
fueron contestadas.

¡Soy entre los hombres el más ricamente bendecido!

Roy Campanella

Ella salvó 219 vidas

La señora Betty Tisdale es una heroína de talla mundial. Cuando la guerra recrudeció en Vietnam, en abril de 1975, sabía que tenía que salvar a los 400 huérfanos que quedarían en la calle. Ella había adoptado a cinco niñas vietnamitas conjuntamente con su esposo, antiguo pediatra, el coronel Patrick Tisdale, que había sido viudo y ya tenía cinco hijos.

Como médico naval en Vietnam en 1954, Tom Dooley había ayudado a refugiados a escapar del norte comunista. Betty dice: «Creo realmente que Tom Dooley era un santo. Su influencia cambió mi vida para siempre». Según el libro de Dooley, ella tomó sus ahorros y viajó a Vietnam catorce veces en sus vacaciones, para visitar y trabajar en los hospitales y en los orfanatos que había fundado. Mientras estaba en Saigón se encariñó con los huérfanos en An Lac (Lugar Feliz), dirigido por madam Vu Thi Ngai, a quien más tarde Betty evacuó el día que Vietnam cayó, y regresó con ella a Georgia para vivir con Betty y sus diez niños.

Cuando Betty, que era una persona que siempre estaba lista a actuar y que buscaba soluciones a medida que los problemas aparecían, comprendió la difícil situación de los 400 niños, y se puso inmediatamente en rápida acción. Llamó a madame Ngai y le dijo: «¡Sí! Iré y llevaré a los niños y todos serán adoptados». Ella no sabía cómo lo haría. Lo único que sabía es que debía hacerlo. Más tarde, en una película de la evacuación: «The Children of An Lac» [Los niños de An Lac], Shirley Jones representó a Betty.

En pocos momentos comenzó a mover montañas. Levantó el dinero necesario de muchas y diferentes maneras, incluso aceptando estampillas verdes. Simplemente decidió hacerlo y lo hizo. Dijo: «Puedo ver a todos los niños creciendo en buenos hogares cristianos en los Estados Unidos, no bajo el comunismo». Eso la mantuvo motivada.

Ella salió para Vietnam desde Fort Benning, Georgia, un domingo, llegó el martes a Saigón, y milagrosamente y sin dormir venció todos los obstáculos para transportar por vía aérea 400 niños fuera de Saigón, el sábado por la mañana. Sin embargo, cuando ella llegó, el director de bienestar social de Vietnam, doctor Dan, anunció repentinamente que sólo podría aprobar que salieran los niños menores de diez años de edad, y todos deberían tener certificados de nacimiento. Ella descubrió rápidamente que los huérfanos de la guerra son afortunados sencillamente por estar vivos. No tienen certificados de nacimiento.

Betty fue al departamento pediátrico del hospital y obtuvo 225 certificados. Rápidamente creó fechas de nacimientos, horas y lugares para los 219 bebés, pequeñuelos y jovencitos. Ella dice: «No tenía idea cuándo, dónde ni de quién habían nacido. Mis dedos sólo producían certificados de nacimiento». Estos eran la única esperanza que tenían para salir de ese lugar con seguridad, y tener un futuro con libertad. Era ahora o nunca.

Ahora ella necesitaba un lugar para albergar a los huérfanos, una vez que fueran evacuados... Los militares en Ft. Benning se opusieron, pero Betty persistió brillante y tenazmente. A pesar de todas sus gestiones, no podía localizar por teléfono al comandante general, así que llamó a la oficina del secretario de defensa, Bo Callaway. Sus funciones no tenían que ver con contestar las llamadas de Betty, no importa cuán urgentes e importantes fueran para salvar vidas fueran. Sin embargo, Betty no se desalentó. Había ido muy lejos, y había hecho demasiado para detenerse ahora. Como él era nativo de Georgia, ella llamó a la madre de este y le presentó su caso. Logró impresionarla y le pidió que intercediera. Virtualmente, al día siguiente el secretario de estado, su hijo, respondió e hizo arreglos para que se usara una escuela en Ft. Benning como hogar interino para los huérfanos de An Lac. [i]

Pero el desafío de cómo lograr que los niños salieran estaba por cumplirse todavía. Cuando Betty llegó a Saigón inmediatamente fue donde el embajador Graham Martin, y le pidió alguna clase de transporte para los niños. Había tratado de fletar un avión de Pan Am, pero Lloyds de Londres había subido tanto el seguro, que era imposible negociar en ese momento. El embajador convino en ayudar, si el gobierno vietnamita ponía en orden todos los papeles. El doctor Dan firmó el último manifiesto, literalmente cuando los niños estaban subiendo a los dos aviones de la fuerza aérea.

Los huérfanos estaban desnutridos y enfermos. La mayoría nunca había estado fuera del orfelinato. Tenían miedo. Ella había reclutado soldados y personal que le ayudara a ponerles los cinturones, a transportarlos y a alimentarlos. No te puedes imaginar cuán profunda y permanentemente fueron tocados los corazones de esos voluntarios en ese hermoso sábado, cuando se transportaron 219 niños a la libertad. Cada voluntario lloraba de alegría y de aprecio por lo que habían contribuido tangiblemente para la libertad de otros.

Fletar las aerolíneas para ir a casa desde las Filipinas era un tremendo lío. Había un costo de veintiún mil dólares por un avión de United Airlines. El doctor Tisdale garantizó el pago, porque amaba a los huérfanos. ¡Si Betty hubiera tenido más tiempo, probablemente lo hubiera conseguido gratis! Pero el tiempo era un factor escaso, así que procedió rápidamente. Cada niño fue adoptado dentro del primer mes de haber llegado a los Estados Unidos. La agencia Tressler Lutheran en York, Pensilvania, que se especializa en buscar adopción para niños incapacitados, encontró un hogar para cada huérfano.

Betty ha demostrado una y otra vez que tú puedes hacer cualquier cosa si simplemente deseas pedir, si no te conformas con un «No» para hacer lo que quiera que te empeñes, y si perseveras.

Como el doctor Tom Dooley dijo una vez: «A la gente ordinaria le toca hacer cosas extraordinarias».

Jack Canfield y Mark V. Hansen

¿Me van a ayudar?

En 1989, un terremoto de 8.2 casi hizo desaparecer a Armenia, matando a más de treinta mil personas en menos de cuatro minutos.

En medio de la total devastación y caos, un padre dejó a su esposa en la seguridad de su casa y corrió a la escuela en donde se suponía que su hijo se encontraba, sólo para descubrir que el edificio había quedado tan plano como una torta.

Después del traumático impacto inicial recordó la promesa que había hecho a su hijo: «¡No importa lo que suceda, siempre estaré contigo!» Y las lágrimas llenaron sus ojos. Cuando miró el montón de escombros de lo que una vez había sido la escuela, le pareció que no había esperanza, pero recordó el compromiso con su hijo.

Se concentró en los lugares por donde llevaba a su hijo al aula de clases en la escuela cada mañana. Recordando que la clase de su hijo estaría en la esquina posterior derecha del edificio, corrió hacia allá y comenzó a cavar entre los escombros.

Mientras cavaba, otros acongojados padres llegaron, diciendo descorazonados:

—¡Mi hijo!

—¡Mi hija!

Otros padres bien intencionados quisieron sacarlo de lo que había quedado de la escuela, diciendo:

—¡Es demasiado tarde!

—¡Están muertos!

—¡No puede ayudarlos!

—¡Váyase a casa!

—¡Por favor, enfrentemos la realidad, no hay nada que podamos hacer!

—¡Usted va a empeorar las cosas!

A cada padre respondía con una sola frase:

—¿Va usted a ayudarme ahora? Y enseguida continuaba cavando en busca de su hijo, quitando piedra por piedra.

El jefe de bomberos trató de retirarlo de los escombros, diciéndole:

—Van a aparecer incendios, las explosiones se suceden en cualquier parte. Usted está en peligro. Nosotros nos encargaremos de eso. Vaya a casa.

A lo cual este amante y preocupado padre armenio preguntaba:

—¿Va usted a ayudarme ahora?

La policía llegó y dijo:

—Usted está enojado, perturbado y agotado. Está poniendo en peligro a los demás. Vaya a casa. ¡Nos haremos cargo de eso!

A lo cual replicaba:

—¿Van a ayudarme ahora?

Nadie le ayudaba.

Valerosamente proseguía solo, porque necesitaba saber por sí mismo:

—¿Está mi hijo vivo o muerto?

Cavó por ocho horas... doce horas... veinticuatro horas... treinta y seis horas... luego, en la hora número treinta y ocho retiró una piedra grande y oyó la voz de su hijo. Gritó su nombre:

—¡ARMAND!

—¡¿¡Papá!?! —oyó— ¡Soy yo papá! Les dije a los demás muchachos que no se preocuparan. Les dije que si estabas vivo me salvarías, y que cuando me hubieras salvado los salvarías a ellos. Tú lo prometiste: «¡No importa lo que suceda, siempre estaré contigo!» Cumpliste tu palabra papá!

—¿Qué está pasando allí? ¿Cómo es eso? —preguntó el padre.

—Estamos catorce de los treinta y tres que éramos, papá. Estamos asustados, hambrientos, sedientos y agradecidos de que estés aquí. Cuando el edificio se cayó, quedó un espacio como un triángulo, y eso nos salvó.

—¡Sal muchacho!

—¡No, papá! Saquemos a los otros chicos primero, ¡porque sé que tú me sacarás! ¡No importa qué suceda, sé que tú estarás conmigo!

Mark V. Hansen

Sólo una vez más

Hay una novela inglesa del siglo diecinueve que se desarrolla en un pequeño pueblo de Gales, en el que cada año, durante los últimos quinientos años, toda la gente se reúne y ora en la iglesia la noche de navidad. Poco antes de medianoche prenden linternas, y cantando villancicos e himnos se dirigen por un sendero de varias millas hasta una vieja y abandonada cabaña de piedra. Allí arreglan una escena del nacimiento en Belén, con pesebre y todo. Y con sencilla piedad se arrodillan y oran. Sus himnos abrigan el helado aire decembrino. Allí van todos los que en el pueblo son capaces de caminar.

Hay una superstición en ese pueblo, una creencia de que si todos los ciudadanos están presentes y oran con profunda fe en nochebuena, entonces y sólo entonces la segunda venida estará cerca. Y durante quinientos años han ido hasta esas ruinas de piedra y han orado. Sin embargo, la segunda venida les ha eludido.

—¿Crees que Él vendrá otra vez la nochebuena a nuestro pueblo? —se le pregunta a uno de los principales personajes de esta novela.

—No —contesta moviendo su cabeza tristemente—. No lo creo.

—Entonces, ¿por qué vas cada año? —le preguntaron.

—Ah —dice sonriendo— ¿qué tal si fuera el único que no estuviera allí cuando eso suceda?

Bueno, es muy pequeña esa fe que él tiene, ¿no es verdad? Sin embargo, es algo de fe. Como dice en el Nuevo Testamento, sólo necesitamos tener fe como una pequeña semilla de mostaza para entrar en el reino de los cielos. Y a veces, cuando trabajamos con niños desadaptados, o con adolescentes con problemas de conducta, con alcohólicos o abusadores, o con deprimidos y personas con tendencias suicidas, amigos o clientes... es cuando necesitamos esa pequeña porción de fe, que hacía regresar a aquel hombre a las ruinas de piedra cada nochebuena. Sólo una vez más. La próxima vez, entonces quizás alcanzaré el mayor logro.

A veces tenemos que trabajar con personas para quienes otros ya no tienen ninguna esperanza. Tal vez hemos llegado inclusive a la conclusión de que no hay ninguna posibilidad de cambio o mejoramiento. Es en ese momento en que, si podemos encontrar el más leve vestigio de esperanza, podemos voltear la esquina, lograr una significativa conquista, salvar a alguien que valía la pena salvar. Por favor amigo mío, regresa sólo esta vez más.

Hanoch McCarty

Hay grandeza a tu alrededor, úsala

Hay muchos que podrían ser campeones olímpicos. Todos los que nunca lo han intentado. Calcularía que cinco millones de personas podrían haberme ganado en salto con garrocha los años en que gané, *por lo menos* cinco millones. Hombres que eran más fuertes, más grandes y más rápidos que que yo, pero que nunca tomaron una garrocha, nunca hicieron el menor esfuerzo para despegar sus piernas del suelo y tratar de pasar la barra.

La grandeza nos rodea. Es fácil ser grande porque grandes personas te ayudarán. Lo fantástico de todas las convenciones a las que voy es que los más grandes en los negocios irán, y compartirán sus ideas, métodos y técnicas con todos los demás. He visto a los más grandes vendedores ser accesibles, y mostrar a los jóvenes vendedores cómo exactamente lo hicieron. Ellos no se quedan con lo que saben. He descubierto que lo mismo sucede también en el mundo de los deportes.

Nunca olvidaré la ocasión en que traté de romper el récord de Dutch Warmer Dam. Estaba treinta centímetros por debajo de su récord, así que lo llamé por teléfono.

—Dutch, ¿puedes ayudarme? —le dije—. Parece que tengo

que nivelarme para aterrizar. No puedo lograr nada más alto.

—Claro que sí Bob —dijo— ven a visitarme y te enseñaré todo lo que sé.

Pasé tres días con el maestro, el más grande saltador de garrocha de todo el mundo. Durante tres días, Dutch me enseñó todo lo que él había visto. Había cosas que yo las estaba haciendo mal y él las corrigió. Para recortar la historia, subí veinte centímetros. El gran tipo me dio lo mejor que tenía. Descubrí que los campeones en deportes, y los héroes lo harán gustosamente sólo para ayudarte también a ser grande.

John Wooden, el gran entrenador de básketbol, tiene la filosofía de que cada día debe ayudar a alguien que nunca podrá retribuirle. Esa es su obligación. Cuando estaba en la universidad preparando su tesis de maestría sobre actividades de los niños exploradores y fútbol defensivo, George Allen escribió un cuestionario de treinta páginas, y lo envió a los grandes entrenadores del país. 85% lo contestaron completamente.

La gente realmente importante se da a otros, eso es lo que hizo de George Allen uno de los más grandes entrenadores de fútbol del mundo. Las personas grandes te dirán sus secretos. Búscalos, llámalos por teléfono o compra sus libros. Ve a donde están, acércate y conversa con ellos. Es fácil ser grande cuando estás cerca de los grandes.

Bob Richards
Atleta olímpico

7

SABIDURÍA ECLÉCTICA

Esta vida es una prueba.
Solamente una prueba.
¡Si hubiera sido una verdadera vida
hubieras recibido instrucciones
más completas sobre
a dónde ir y qué hacer!

Sacado de un boletín mural

¡Ese es tu compromiso!

Cuando Marita tenía trece años era la época de las corbatas tinturadas, las camisetas y los pantalones desgastados de mezclilla. Aun cuando yo había crecido en medio de la depresión, y no tenía dinero para ropa, nunca me había vestido pobremente. Un día la vi en la entrada del garaje fregando los dobladillos de las costuras de sus pantalones nuevos con tierra y piedras. Estaba horrorizada de que arruinara esos pantalones que acababa de comprarle, y corrí para decírselo. Ella continuó fregando mientras yo narraba toda la tragedia de telenovela de mi privación infantil. Cuando terminé, sin haber logrado que derramara ni una lágrima de arrepentimiento le pregunté por qué estaba arruinando sus pantalones nuevos.

—No se pueden usar nuevos —replicó sin mirarme.

—¿Por qué no?

—No se puede, así que estoy ensuciándolos para que parezcan viejos.

¡Qué total falta de lógica! ¿Cómo podía ser la moda el arruinar la ropa nueva?

Cada mañana, cuando salía para la escuela, la miraba fijamente y suspiraba.

—Mi hija luciendo así.

Allí estaba ella vestida con la vieja camiseta de su padre, la corbata tinturada, de grandes manchas azules y rayas. Buena para plumero, pensé. Y esos pantalones de tiro tan caído y apretados, que temía que si daba un respiro profundo se le resbalarían de su nalga. Pero, ¿a dónde irían? Eran tan apretados y estrechos, que no podía moverse. Los deshilachados dobladillos, ayudados por las piedras, tenían hilachas que se arrastraban detrás de ella cuando caminaba.

Un día, después de que había salido para la escuela, fue como si el Señor me hubiera llamado la atención y me hubiera dicho:

—¿Te das cuenta cuáles son tus últimas palabras para Marita cada mañana? «Mi hija luciendo así». Cuando ella llega a la escuela y sus amigos hablan de sus madres chapadas a la antigua, que se quejan todo el tiempo, tendrá tus constantes comentarios con los cuales contribuir. ¿Has visto a las otras muchachas del penúltimo año? ¿Por qué no les das una mirada?

Ese día fui a recogerla, y observé que muchas de las otras chicas lucían aun peor. Camino a casa le mencioné cómo yo había reaccionado exageradamente cuando ella estaba arruinando sus pantalones. Hice un compromiso:

—De ahora en adelante, tú puedes ponerte lo que quieras para ir a la escuela y salir con tus amigas, y no comentaré nada.

—Eso será un alivio.

—Pero cuando te lleve conmigo a la iglesia, de compras o a donde mis amigas quisiera que te vistas con algo que sabes que a mí me gusta, sin tener que decirte una palabra.

Ella se quedó pensando.

—Eso significa que tú has conseguido 95% para ti, y yo he conseguido 5% para mí. ¿Qué piensas de eso?

Me hizo un guiño con el ojo, tomando mi mano y estrechándola.

—Madre, ¡ese es tu compromiso!

Desde entonces le di una alegre despedida en la mañana, y no hice comentario alguno sobre su ropa. Cuando la llevaba conmigo se vestía adecuadamente sin chistar. ¡Ese era nuestro compromiso!

Florence Littauer

Tómese un momento
para realmente ver

Todos hemos oído la expresión: «Recuerda detenerte y oler las rosas». Pero, ¿cuán a menudo sacamos verdaderamente tiempo de nuestras turbulentas y agitadas vidas para notar el mundo que nos rodea? Muy a menudo estamos atrapados en nuestras agendas congestionadas, pensando en nuestra próxima cita, en el tráfico o en la vida en general, sin darnos cuenta siquiera de que hay otras personas a nuestro alrededor.

Soy culpable como nadie más de sintonizar el mundo de esta manera, especialmente cuando manejo por las congestionadas calles de California. Sin embargo, hace poco tiempo fui testigo de un acontecimiento que me mostró cómo el estar envuelto en mi propio y pequeño mundo me ha impedido darme cuenta plenamente del paisaje de un mundo más grande que me rodea.

Me dirigía a una cita de negocios, y como de costumbre iba planificando en mi mente lo que iba a decir. Llegué a una intersección muy concurrida, cuando el semáforo se puso en rojo.

—Muy bien —pensé para mí mismo—. Puedo ganarle al

próximo semáforo si me adelanto a todos los vehículos.

Mi mente y mi automóvil estaban con piloto automático listos para arrancar, cuando repentinamente una vista inolvidable rompió mi éxtasis. Un hombre y una mujer ciegos caminaban tomados del brazo, cruzando la congestionada intersección, con automóviles zumbando en todas las direcciones. El hombre llevaba de la mano a un niño pequeño, mientras la mujer apretaba un porta-bebés contra su pecho, obviamente cargando otro niño. Cada uno tenía un bastón blanco extendido, buscando orientación para guiarse a través de la intersección.

Fui tocado desde el principio. Ellos vencían lo que yo creía que era una las más temibles limitaciones: la ceguera.

—¿No sería terrible ser ciego? —pensé.

Mi pensamiento se interrumpió rápidamente por el horror, cuando vi que la pareja no caminaba por el paso de peatones, sino que en vez de eso iba en diagonal, directamente hacia el centro de la intersección; sin darse cuenta del peligro en que estaban, precisamente por el carril de los automóviles que venían. Temía por ellos, porque no sabía si los otros conductores se daban cuenta de lo que estaba pasando.

Mientras miraba desde la primera línea del tráfico (tenía el mejor asiento de la casa), vi desarrollarse un milagro ante mis ojos. *Cada* auto en *toda* dirección paró simultáneamente. En ningún momento oí el chirrido de los frenos, ni el sonido estridente de una bocina. Nadie gritó: «¡Fuera del camino!»

Todo se congeló. En ese momento el tiempo pareció detenerse para esta familia.

Sorprendido, miré a los autos a mi alrededor para ver si todos veíamos lo mismo. Noté que todos tenían la atención fija en la pareja. De pronto el conductor de mi derecha reaccionó. Sacando la cabeza del auto, gritó:

—¡A la derecha! ¡A la derecha! Otras personas le siguieron al unísono gritando:

—¡A la derecha!

Sin vacilar ni un momento, la pareja ajustó su curso mientras seguía las instrucciones. Confiando en sus bastones blancos, y en los gritos de algunos preocupados ciudadanos, llegaron al otro lado de la calle. Cuando llegaron a la curva, algo me impactó: todavía estaban del brazo.

Me impresionaron las expresiones sin emoción de sus caras; juzgué que no tenían ni idea de lo que pasaba realmente a su alrededor. Sin embargo, de inmediato sentí los suspiros de alivio que exhalaron todos los que estaban parados en esa intersección.

Mientras miraba los carros a mi alrededor, el conductor de mi derecha decía:

—¡Uff! ¿Vieron eso?

El conductor a mi izquierda decía:

—¡No puedo creerlo!

Pienso que todos nos impresionamos profundamente por lo que habíamos visto. He aquí seres humanos saliendo de sí mismos por un momento, para ayudar a cuatro personas en necesidad.

He reflexionado en esta situación muchas veces desde que sucedió, y he aprendido de esto varias lecciones poderosas. La primera es: «Ten calma y huele las rosas (algo que casi nunca había hecho hasta ese entonces). Toma tiempo para mirar a tu alrededor, y realmente *ver* lo que pasa frente a ti ahora mismo. Haz esto y te darás cuenta de que este momento es todo lo que hay, y algo más importante: este momento es todo lo que tienes para hacer algo importante en tu vida.

La segunda lección que aprendí es que las metas que nos fijamos pueden lograrse a través de la fe en nosotros mismos y la confianza en los demás, a pesar de obstáculos aparentemente insuperables.

La meta de la pareja de ciegos era simplemente llegar ilesos al otro lado de la calle. Su obstáculo eran ocho líneas de automóviles dirigidos directamente a ellos. Sin embargo, sin pánico ni duda siguieron adelante hasta llegar a la meta.

También nosotros podemos ir adelante para alcanzar nuestras metas, haciéndonos ciegos a los obstáculos que se levantarán en nuestro camino. Sólo necesitamos confiar en nuestra intuición, y aceptar la guía de otros que pueden tener un mayor discernimiento.

Finalmente, aprendí a apreciar en verdad mi don de la vista, algo que había dado por sentado demasiado a menudo.

¿Te puedes imaginar cuán diferente sería la vida sin tus ojos? Trata de imaginarte por un momento caminando por una intersección congestionada sin poder ver. Cuán a menudo olvidamos los sencillos pero increíbles dones que tenemos en nuestra vida.

Mientras me alejaba de esa congestionada intersección lo hacía con más conciencia de la vida y compasión por los demás, que la que tenía antes de haber llegado allí. Desde entonces he tomado la decisión de ver la vida verdaderamente mientras voy a mis actividades diarias, y usar mis talentos dados por Dios para ayudar a otros menos afortunados.

Hazte un favor mientras caminas por la vida:

Ten calma y toma tiempo para *ver* realmente. Toma un momento para ver lo que pasa a tu alrededor precisamente ahora, allí donde estás. Te puedes estar perdiendo algo maravilloso.

J. Michael Thomas

Si pudiera vivir mi vida otra vez

Las entrevistas con los ancianos y con los que tienen enfermedades terminales, no informan que las personas se arrepientan de lo que han hecho, sino más bien de lo que no han hecho.

Me atrevería a cometer más equivocaciones la próxima vez.
Descansaría. Haría ejercicio de calentamiento.
Sería más necia que lo que he sido en este viaje.
Tomaría menos cosas en serio.
Aceptaría más oportunidades.
Haría más viajes.
Subiría más montañas, y nadaría en más ríos.
Tomaría más helado y comería menos fríjoles.
Tal vez tendría más problemas reales, pero tendría menos problemas imaginarios.
Como ves, soy una de esas personas que viven sensible y sanamente, hora tras hora, día tras día.
Vaya, he tenido mis momentos, y si tuviera que hacerlo otra vez tendría más de ellos. En efecto, procuraría no tener nada más. Sólo momentos.
Uno tras otro, en vez de vivir muchos años por adelantado cada día.

He sido una de esas personas que jamás fue a ninguna parte sin un termómetro, una bolsa de agua caliente, un impermeable y un paracaídas.

Si tuviera que hacerlo otra vez, viajaría con menos peso.

Si tuviera que vivir mi vida de nuevo me levantaría descalza más temprano en la primavera, y permanecería así hasta más tarde en el otoño.
Iría a más bailes.
Montaría en más carruseles.
Recogería más margaritas.

Nadine Stair
(edad 85)

Dos monjes

Dos monjes que iban en una peregrinación llegáron al vado de un río. Allí vieron a una muchacha vestida con todas sus galas, obviamente sin saber qué hacer, puesto que el río era profundo y ella no quería echar a perder su ropa. Sin más preámbulos, uno de los monjes la cargó sobre la espalda, la llevó a través del río y la puso sobre tierra seca en el otro lado. Luego los monjes continuaron su camino. Pero después de una hora, el otro monje comenzó a quejarse: «Seguramente no es bueno tocar una mujer; es contra los mandamientos tener estrecho contacto con las mujeres. ¿Cómo pudiste ir contra las reglas de los monjes?»

El monje que había cargado a la muchacha caminaba en silencio, pero finalmente comentó: «Yo la dejé en la orilla del río hace una hora, ¿por qué la cargas tú todavía?»

Irmgard Schloegl
La Sabiduría de los maestros Zen

Sachi

Poco después de que su hermano nació, la pequeña Sachi comenzó a pedir a sus padres que la dejaran sola con el nuevo bebé. A ellos les preocupaba que, como la mayoría de niños de cuatro años, ella sintiera celos y quisiera golpearlo o sacudirlo, así que le dijeron que no. Pero ella no dio muestras de celos. Trató al niño con bondad, y sus súplicas para quedarse a solas con él se hicieron más insistentes. Decidieron permitirle.

Llena de alegría entró en la habitación del niño y cerró la puerta, pero quedó una rendija... suficiente para que sus curiosos padres atisbaran y escucharan. Vieron a la pequeña Sachi caminar tranquilamente hasta su hermanito, poner su rostro cerca del suyo y decirle en voz baja: «Nené, dime cómo es Dios. Yo estoy comenzando a olvidarme».

Dan Millman

El regalo del delfín

Me encontraba sola a quince metros de la superficie. Debido a que era muy competente me arriesgué, aunque sabía que no debía haber ido sola. No había demasiada corriente, y el agua estaba muy tibia, clara y tentadora. Me di cuenta de mi estupidez cuando me vino un calambre. No estaba demasiado alarmada, sin embargo los calambres del estómago me tenían completamente entumecida. Traté de quitarme el peso del cinturón, pero estaba tan paralizada que no podía alcanzar la hebilla. Me hundía y era incapaz de moverme, y empecé a atemorizarme. Pude ver mi reloj, y me di cuenta de que no pasaría mucho tiempo antes de que el oxígeno del tanque se terminara. Traté de masajearme el abdomen. Aunque no usaba un traje de buceo, no me podía enderezar ni alcanzar mis acalambrados músculos con la mano.

—¡No me puedo ir así! —pensé— ¡Tengo mucho por hacer!

No podía morir de manera anónima, sin que nadie supiera lo que había pasado.

—¡Auxilio, alguien o algo! ¡Ayúdenme —clamaba en mi mente.

No estaba preparada para lo que sucedió. De pronto sentí

un topeteo por detrás de la axila.

—¡Santo Dios! ¡Tiburones! —pensé.

Sentí verdadero terror y desesperación. Sin embargo mi brazo fue levantado fuertemente. Dentro de mi campo de visión apareció un ojo, el más maravilloso que jamás pudiera imaginar. Juro que me estaba sonriendo. Era el de un enorme delfín. Cuando vi ese ojo supe que me encontraba a salvo.

Se movió hacia adelante tocándome suavemente, y enganchando mi axila con su aleta dorsal, mientras yo colocaba el brazo sobre su lomo. Al abrazarlo me relajé, inundada de alivio. Sentí que me transmitía seguridad, y que iba a curarme tan pronto me subiera a la superficie. A medida que ascendíamos desaparecían los calambres del estómago, y pude relajarme con seguridad; no obstante, sentí fuertemente que él me había curado.

Una vez en la superficie, me llevó a la orilla. Allí las aguas estaban tan poco profundas, que temí que el delfín encallara en la arena, así que lo empujé hacia lo más hondo, donde permaneció observándome, y pienso que asegurándose de que yo estaba bien.

Sentí como que tenía otra vida. Cuando me quité el cinturón y el tanque de oxígeno, me despojé también de todo lo que tenía puesto, y regresé desnuda donde el delfín. Me sentía tan ligera, libre y viva, que sólo quería jugar en el sol, en el agua y en toda esa libertad. El delfín me llevó de nuevo a la playa, y jugueteó en el agua a mi alrededor. Noté que más lejos había muchos otros delfines.

Después de un momento, me llevó otra vez a la orilla. Estaba muy cansada y al punto del colapso; se aseguró de que me encontraba a salvo, en aguas menos profundas. Entonces se ladeó y me miró directamente a los ojos. Me pareció que estuvimos así por un largo tiempo, como si este no existiera —me imagino— casi en trance, con pensamientos del pasado fluyendo a mi mente. Entonces emitió sólo un sonido, y fue a unirse a los demás. Y todos se fueron.

Elizabeth Gawain

El toque de la mano del Maestro

Estaba maltratado y lleno de raspones, y el rematador pensó que a duras penas tendría algún valor como para desperdiciar mucho tiempo en el viejo violín; sin embargo, lo levantó con una sonrisa.

—¿Cuánto dan queridos amigos? —gritó— ¿Quién comenzará la puja por mí? Un dólar, un dólar.

Luego:

—¡Dos! ¿Solamente dos? Dos dólares, ¿y quién ofrecerá tres? Tres dólares, a la una; tres dólares, a las dos; se va por tres...

Pero no, desde el fondo del salón un hombre con pelo canoso pasó adelante, tomó el arco; luego, limpiando el polvo del viejo violín, y afinando las cuerdas sueltas, tocó una melodía pura y dulce como canta un alegre un ángel.

La música cesó, y el rematador, con voz tranquila y suave dijo:

—¿Cuánto dan por el viejo violín?

Y lo levantó juntamente con el arco.

—¡Mil dólares! ¿Y quién dará dos? ¡Dos mil dólares! ¿Y quién dará tres? Tres mil dólares, a la una; tres mil, a las dos; y se fue, y se fue —dijo.

La gente vitoreó, pero algunos gritaron:

—No entendemos bien, ¿qué cambió su valor?

La respuesta vino rápidamente:

—El toque de la mano de un maestro.

Y como muchos, un hombre con la vida desafinada, maltratada y llena de cicatrices por el pecado, es rematado barato a la multitud sin conciencia, así como el viejo violín.

Un «plato de lentejas», un vaso de vino; un juego... y él se va.

Él se va a la una, y se va a las dos, y se va, y casi se va.

Pero el Maestro viene, y la tonta multitud nunca puede entender suficientemente el valor de un alma, y el cambio que se opera por el toque de la mano del Maestro.

Myra B. Welch

¿Más sopa de pollo?

Comparte tu corazón con el resto del mundo. Si tienes una historia, un poema o un artículo (tuyo o de alguien más) que pienses que pertenece a un futuro volumen de *Sopa de pollo para el alma*, por favor envíanoslo.

Jack Canfield and Mark Victor Hansen
Self-Esteem Seminars
6035 Bristol Parkway
Culver City, California 90230
FAX: 310-337-7465

Nos aseguraremos de que tú y el autor tengan crédito por la contribución. ¡Gracias!

Conferencias, seminarios y talleres

Puedes también contactarnos en la dirección anterior para conferencias, o para información acerca de nuestro boletín informativo, otros libros, casetes, talleres y programas de entrenamiento.

¡Te deseamos mucho amor!
Jack y Mark

Colaboradores

Muchas de las historias de este libro se tomaron de libros que hemos leído. Estas fuentes se reconocen en la sección Referencias y Créditos. Algunas de las historias y poemas son colaboraciones de amigos, quienes como nosotros, son oradores profesionales. Si deseas comunicarte con ellos para mayor información sobre sus libros, cintas y seminarios puedes hacerlo a través de las direcciones y números telefónicos que proveemos a continuación.

Wally "Famous" Amos es el fundador de Famous Amos Cookies, y el autor del álbum en libro y casete *The Power ... In You* [El poder ... en ti]. Wally vive en Maui, Hawaii. Se le puede escribir a P.O. Box 897, Kailua, Hawaii 96734, o llamar al (808) 261-6075.

Joe Batten, C.P.A.E., es un orador profesional y triunfante empresario que sabe cómo inspirar confianza a las organizaciones en los buenos y malos momentos. Sus treinta y cinco años como escritor, asesor y orador le han dado el título de Guía Empresarial. Joe escribió un libro que fue éxito de librería: *Tough Minded Management* [Administración a conciencia]. Es un hombre que ama la vida y la risa, y transmite su calor y pasión al auditorio. Se le puede escribir a 2413 Grand Avenue, Des Moines, Iowa 50312, o llamar al (515) 244-3176.

Gene Bedley es director de la escuela elemental El Rancho en Irvine, California. Recibió el premio nacional de PTA en 1985 como Educador del año, y es autor de numerosos libros acerca de cómo crear un ambiente positivo en el salón de clases. Lo puedes localizar en 14252 East Mall, Irvine, California 92714, o llamando al (714) 551-3090.

Michele Borba es una escritora prolífica en desarrollar la autoestima en las aulas de las escuelas primarias. Es miembro de la junta de directores de National Council for Self-Esteem. Su mejor libro es *Esteem Builders*

[Constructores de estima], una colección de 379 actividades de la sala de clases. Puedes escribirle a 840 Prescott Drive, Palm Spring, California 92262, o llamarla al (619) 323-5387.

Helice Bridges es una reconocida y dinámica oradora e instructora que viaja internacionalmente dictando talleres de autoestima para escuelas, organizaciones y empresas. Es directora de Board for Difference Makers, Inc. y la puedes contactar en P.O. Box 2115, Del Mar, California 92014, o por teléfono al (619) 481-6019.

Les Brown es un orador altamente aclamado, quien presenta charlas y conferencias para las compañías Fortune 500, y dirige seminarios personales y profesionales en todo el país. Es bien conocido en la televisión a través de sus especiales de PBS, todos los cuales están disponibles en casetes y video. Se lo puede contactar escribiendo a Les Brown Unlimited, 2180 Penobscot Building, Detroit, Michigan 48226, o llamando al (800) 733-4226.

Dan Clark es un orador motivacional profesional que ha conducido miles de conferencias para estudiantes de secundaria, padres y corporaciones. Lo puedes contactar escribiendo a P.O. Box 8689, Salt Lake City, Utah 84108, o llamando a (801) 532-5755.

Alan Cohen es un escritor prolífico y orador dinámico. Su libro *The Dragon Doesn't Live Here Anymore* [El dragón ya no vive aquí] es nuestro favorito. Lo puedes contactar escribiendo a P.O. Box 98509, Des Moines, WA 98198, o llamando al (800) 462-3013.

Roger Crawford es un dinámico orador motivacional. Su libro se titula *Playing From The Heart* [La actuación sincera]. Lo puedes contactar escribiendo a 1050 St. Andrews Drive, Byron, California 94514, o llamando a (510) 634-8519.

Stan Dale, antiguamente la voz de "The Shadow", y anunciador/narrador de los programas de radio "El llanero solitario", "Sgt. Preston", y "The Green Hornet". Es director fundador del instituto Human Awareness en San Mateo, California, organización dedicada a «crear un mundo en el que todos ganen». Dirige "Sex, Love and Intimacy Workshops" [Talleres para sexo, amor e intimidad] en todo el mundo. Stan es el autor de *Fantasies Can Set You Free* [Las fantasías te pueden liberar] y *My Child, My Self: How To Raise The Child You Always Wanted To Be* [Mi hijo, yo mismo: Cómo criar el hijo que siempre quisiste ser]. Ambos libros están también disponibles en casetes de The Human Awareness Institute, 1720 S. Amphlett Blvd., Suite 128, San

Mateo, California 94402, o en los teléfonos (800) 800-4117 y (415) 571-5524.

Burt Dubin es el presentador de Speaking Success System, un instrumento poderoso de ayuda a los aspirantes a oradores para desarrollar la presencia escénica y la magia de mercadeo. Un especialista en mercadotecnia y colocación de personal. Burt transmite sus habilidades desde la plataforma cuando se dirige a asociaciones y organizaciones. Lo puedes contactar escribiendo a Management Achievement Institute, Box 6543, Kingman, Arizona 86402-6543, o llamando al (800)321-1225.

Patricia Fripp, C.S.P., C.P.A.E., es una «oradora por todas las razones». Fue presidenta de la Asociación Nacional de Oradores, y es una de las más dinámicas oradoras que conocemos. Se la puede contactar escribiendo a 527 Hugo St. San Francisco, California 94122, o llamando a (415) 753-6556.

Rick Gelinas es presidente de Lucky Acorns Delphi Foundation en Miami, Florida. Posee maestría en educación, y ha dedicado su vida a lograr cambios importantes en la niñez. Lo puedes contactar escribiendo a 5888 S.W. Terrace, Miami, Florida 33143, o llamando al (305) 667-7756.

John Goddard es un aventurero, explorador y orador motivacional de talla mundial. Lo puedes contactar escribiendo a 4224 Beulah Drive, La Canada, California 91101, o llamando al (818) 790-7094.

Patty Hansen es la esposa de Mark, y directora administrativa de Look Who's Talking. La puedes contactar escribiendo a P.O. Box 7665, Newport Beach, California 92658, o llamando a (714) 759-9304.

Danielle Kennedy, M.A. es una célebre escritora, entrenadora de ventas de talla mundial, vendedora inspiracional y ganadora de premios de ventas. Posee un grado honorario de Humanidades en la Universidad Clarke, y una maestría en Letras en la universidad de California del Sur. Dicta conferencias sobre ventas, mercadeo y liderazgo en cien ciudades anualmente. Sus libros de mejor venta incluyen *How To List And Sell Real Estate In The '90s* [Cómo cotizar y vender bienes raíces en los noventa] (Prentice Hall) y *Kennedy On Doubling Your Income In Real Estate Sales* [Kennedy puede duplicar sus ingresos en ventas de bienes raíces] (John Wiley). Está casada y tiene ocho hijos. La puedes contactar escribiendo a 219 S. El Camino Real, San Clemente, California 92672, o llamando al (714) 498-8033.

Florence Littauer, C.S.P., C.P.A.E. es una de las personas más fabulosas que conocemos. Es maestra y escritora inspiradora. Su libro *Little Silver Boxes* [Cajitas de plata] es nuestro favorito. La puedes contactar en 1645 Rancho Fe Rd. San Marcos, California 92069 o en el teléfono (619) 744-9202.

Rick Little ha participado en los últimos dieciséis años en una amplia gama de esfuerzos para mejorar las condiciones sociales y económicas de niños y jóvenes. Fundó en 1975 Quest International, y fue su presidente por quince años. El señor Little es coautor de libros con autoridades que se dedican a dirigir la juventud, entre los cuales están Bill Crosby y el doctor Charlie W. Shedd. Fundó en 1990 la Fundación Internacional de la Juventud con el apoyo total de la Fundación W.K. Kellogg. Ahora es secretario general de la Fundación Internacional de la Juventud, cuya meta es identificar y proveer de fondos a programas juveniles que han demostrado tener éxito. La fundación tiene programas en Africa del Sur, Polonia, Ecuador, México, Bangladesh, Tailandia, y las Filipinas.

Hanoch McCarty, Ed.D. es orador profesional, instructor y asesor especializado en motivación, productividad y mejoramiento de la autoestima. Es uno de los oradores más solicitados en los Estados Unidos, porque combina el humor y las historias conmovedoras con las habilidades prácticas que se pueden poner en acción inmediatamente. Sus libros y programas de video incluyen *Stress and Energy* [Tensión nerviosa y energía] y *Self-Esteem: The Bottom Line* [Autoestima: El resultado final]. Lo puedes contactar escribiendo a P.O. Box 66, Galt, California 95632, o llamando a (800) 231-7353.

Dan Millman es autor de libros inspiracionales para niños y adultos. Fue campeón mundial de gimnasia, entrenador y profesor universitario, cuya desilusión con «el estilo normal de vida» lo envió alrededor del mundo, y a la profundidad de su mente y corazón. Sus experiencias generaron una visión de la vida que llamó «el camino del guerrero de la paz». Entre sus libros están *Way of the Peaceful Warrior* [El camino del guerrero de la paz], *The Warrior Athlete* [El deportista guerrero] y *No Ordinary Moments* [Momentos nada ordinarios]. Lo puedes localizar en Peaceful Warrior Services, P.O. Box 6148, San Rafael, California 94903, o en el teléfono (415) 491-0301.

W. Mitchell, C.P.A.E. es uno de los oradores más inspiracionales que hemos conocido. Su programa grabado se titula *It's Not What Happens To You, It's What You Do About It* [No es lo que te sucede, es lo que haces con lo que te sucede]. Se puede contactar en 12014 W. 54th Drive, #100, Arvada, Colorado 80002, o en el teléfono (303) 425-1800.

Robert A. Moawad es presidente y director ejecutivo de Edge Learning Institute, que funciona en Tacoma, Washington, y Tempe, Arizona. Edge es una firma para el desarrollo personal dedicada a ayudar a las organizaciones a alcanzar niveles mayores de productividad, calidad y satisfacción de la clientela. Es un dinámico educador-entrenador. Tiene una impresionante habilidad para inspirar y producir impacto en la audiencia al mezclar ejemplos pintorescos con sólidos principios. Esto ha hecho de Bob uno de los oradores con más demanda en la nación. Desde 1973 ha ayudado a más de dos millones de personas, entre los que se encuentran algunos de los más respetados líderes de empresas, gobierno y educación. Se puede contactar escribiendo a Edge Learning Institute, 2217 N. 30th # 200, Tacoma, Washington 98403, o llamando al (206) 272-3103.

Chick Moorman es director de Institute for Personal Power, una firma asesora dedicada a proveer desarrollo de actividades de alta calidad para padres y educadores. Todos los años recorre los Estados Unidos dirigiendo más de cien talleres sobre aprendizaje cooperativo, mejoramiento de la autoestima, y desarrollo de actitudes positivas. Su misión es ayudar a las personas a experimentar un mayor sentido de poder personal en sus vidas, para que a su vez puedan dar poder a otros. Su último libro, escrito junto con su esposa Nancy, es *Teacher Talk: What It Really Means* [Qué significa realmente lo que dice el maestro]. Este libro explora el modo en que los maestros hablan a los niños, y examina los «mensajes silenciosos» que acompañan a la palabra hablada. Puede pedirse a un costo de $11,95 a The Institute for Personal Power, P.O. Box 1130, Bay City, Michigan 48706, o en el teléfono (517) 686-3251.

Michael Murphy, Ed. D. es psicólogo forense, columnista de periódicos, decano y miembro de Family Consultation Team en el Northern Berkshire Counseling Center. Lo puedes contactar en 25 Monument Rd. Orleans, MA 02653, o llamarlo a (508) 255-4050.

Victor H. Nelson, S.T.M. es terapista y consejero pastoral en ejercicio privado. Su dirección es 505 Evergreen Street West, Lafayette, Indiana 47906.

Bobbie Probstein es escritora y fotógrafa cuyo nuevo libro *Healing Now* [La curación en la actualidad] se ha elogiado ampliamente. Es de mucho valor para cualquiera que esté enfermo, o preparándose para una operación. Su primer libro, una autobiografía, *Return to Center* [El regreso al centro] está en su tercera impresión. Se la puede contactar escribiendo a P.O. Box 3654, Dana Point, California 92629-8654.

Bob Proctor es presidente de Bob Proctor Seminars, y fundador de Million Dollar Forum en Ontario, Canadá. Es autor de *You Were Born Rich* [Naciste rico], y dirige los seminarios Born Rich a través del mundo. Los seminarios de Bob capacitan a los individuos a crear la vida con la que soñaron. Puedes contactarlo en Million Dollar International, 211 Consumers Rd., Suite 201, Willowdale, Ontario, Canadá M2J 4G8, o en el teléfono (416) 498-6700.

Nido Qubein, C.S.P., C.P.A.E. expresidente de la Asociación Nacional de Oradores, y destacado orador sobre ventas, administración y mercadeo. Entre sus varios libros están: *Get The Best From Yourself* [Logra lo mejor de ti], *Communicate Like A Pro* [Comunícate como un profesional] y *Profesional Selling Techniques* [Técnicas de venta profesional]. Le puedes escribir a Creative Services, Inc. P.O. Box 6008, High Point, North Carolina 27262-6008, o llamarlo a (919) 889-3010.

Pamela Rogers obtuvo su maestría en Educación de la Universidad de Pensilvania en 1990, y enseña segundo grado en la escuela elemental Reynolds en Filadelfia. Estudia actuación cuando no enseña.

Glenna Salsbury, C.S.P., C.P.A.E. graduada de la Universidad Northwestern en Evanston, Illinois, obtuvo su maestría en UCLA (Universidad de California, Los Angeles), y dieciséis años después obtuvo un máster en teología del Seminario Fuller. En 1980 fundó su propia compañía que provee presentaciones inaugurales y seminarios para el crecimiento personal. Está casada con Jim Salsbury, un exjugador de Detroit Lions y Green Bay Packer, y tiene tres hijas. Llama o escribe para obtener su poderoso álbum de seis casetes titulado *Passion, Power and Purpose* [Pasión, poder y propósito]. Se puede contactar con ella escribiendo a 9228 North 64th Place, Paradise Valley, Arizona 85253, o llamando a (602) 483-7732.

Jack Schlatter, un exmaestro y orador motivacional. Se puede contactar escribiendo a P.O. Box 577, Cypress, California 90630, o llamando a (714) 879-7271.

Lee Shapiro era abogado y juez que dejó de ejercer porque nunca recibió una ovación de pie por parte de un jurado. Ahora es orador y profesor especializado en ética de administración, discursos, y habilidades personales. Se lo puede contactar escribiendo a 5700-12 Baltimore Drive, La Mesa, California 91942, o llamando al (619) 668-9036.

Frank Siccone, Ed.D. es director del Instituto Siccone de San Francisco. Asesor de numerosas escuelas y empresas. Entre sus libros se destacan *Responsability: The Most Basic R* [Responsabilidad: La R más
fundamental] y *101 Ways To Develop Student Self-Esteem And
Responsability* [101 maneras de desarrollar autoestima y responsabilidad en el estudiante] con Jack Canfield (Allyn & Bacon). Se puede
contactar en el Instituto Siccone, 2151 Union Street, San Francisco,
California 94123, o en el teléfono (415) 922-2244.

Cindy Spitzer es una escritora independiente que nos ayudó a reescribir
varias de nuestras más difíciles e importantes historias. Se la puede contactar en 5027 Berwyn Road, College Park, Maryland 20740.

Jeffrey Michael Thomas es vicepresidente regional de Van Kampen
Merrit, una firma profesional de administración económica. Es miembro
de la Asociación Nacional de Oradores, y da charlas sobre tópicos que
van desde la administración financiera hasta el levantamiento de fondos
para varias obras de caridad, por medio de su compañía J. Michael
Thomas & Associates. El señor Thomas vive y trabaja en Tustin,
California, y al momento busca una curul en el Concejo Municipal de
Tustin. Se lo puede contactar en el teléfono (714) 544-1352.

Francis Xavier Trujillo, Ed.D. es fundador y presidente de *ProTeach
Publications* [Publicaciones relacionadas con la enseñanza], una firma
especializada en la creación y producción de posters inspirativos de
autoestima, tarjetas y materiales relacionados con estudiantes y maestros. Sus escritos, principalmente en el formato de posters, adornan las
paredes de casi todas las escuelas de los Estados Unidos. Los títulos
incluyen *Who Builds the Builders?* [¿Quién edifica a los edificadores?],
The Power To Teach [El poder para enseñar], *A Letter to My Students*
[Carta a mis estudiantes] y *Giver of A Lifelong Gift* [Dador de un regalo
para toda la vida]. Frank habla sobre una variedad de temas relacionados con la autoestima, la capacitación del maestro, y la reforma educacional. Se puede contactar en *ProTeach Publications*, P.O. Box
19262, Sacramento, CA 95819. Teléfono (800) 233-3541. Escribe o
llama solicitando su catálogo a todo color que describe *Bilding Me A
Fewchr* y docenas de otros posters relacionados con la inspiración.
Bilding Me A Fewchr sirvió de base para *Build Me A Future Project*,
una campaña no partidista a escala nacional para escribir cartas al
Presidente Clinton por parte de niños de todas las edades, sugiriendo
maneras en las cuales pueden trabajar juntos para ayudar a construir un
mejor futuro para todos nosotros.
Dottie Walters es presidenta de la Agencia Internacional de Oradores

Walters en California. Envía oradores pagados a todo el mundo, y está asociada en entrenamiento de presentadores. Junto con su hija Lilly es la escritora del libro editado por Simon y Schuster, *Speak And Grow Rich* [Habla y hazte rico], y es fundadora y administradora de Grupo Internacional de Agentes y Agencias. Dottie publica *Sharing Ideas* [Compartir ideas] la mayor revista de noticias en el mundo para oradores profesionales pagados. Se le puede escribir a P.O. Box 1120, Glendora, California 91740, o llamar a (818) 335-8069, o al fax (818) 335-6127.

Betty Youngs es presidenta de Instruction & Profesional Development, Inc., una firma asesora que suministra servicios a los distritos escolares. Betty fue la maestra del año en Iowa, y actualmente es profesora en la universidad estatal de San Diego y directora ejecutiva de la Fundación Phoenix. De sus catorce libros se destacan *The Educator's Self-Esteem: It's Criteria #1* [La autoestima del educador: Obligación #1], *The 6 Vital Ingredients Of Self-Esteem And How To Develop Them In Students* [Los seis ingredientes vitales de la autoestima, y cómo desarrollarlos en los estudiantes] y *Safeguarding Your Teenager From The Dragons Of Life* [Defiende de los ogros de la vida a tus adolescentes]. Se la puede contactar en 3060 Racetrack View Drive, Del Mar, California 92014, o en el teléfono (619) 481-6360.

Referencias y créditos

Queremos reconocer a los siguientes editores e individuos por permitirnos reproducir el material de este libro (nota: las historias escritas anónimamente, que son de dominio público, o que fueron escritas por Jack Canfield o Mark Victor Hansen no se incluyen en esta lista):

On Courage [Sobre el valor] y *Sachi* extraídos de *Sacred Journey of the Peaceful Warrior* [Viaje sagrado del guerrero de la paz] escrito por Dan Millman. © 1991 Dan Millman. Reimpreso con autorización del autor y de H.J. Kramer, Inc. P.O. Box 1082, Tiburón, CA 94920. Todos los derechos reservados.

The Gentlest Need [La necesidad más tierna]. Reimpreso por Fred T. Wilhelms. Usado con permiso del autor y de *Educational Leadership*, 48, 1:51. © ASCD.

My Declaration of Self-Esteem [Mi declaración de autoestima] y *Everybody Has a Dream* [Todo el mundo tiene un sueño], reimpreso con autorización expresa por escrito de AVANTA Network, fundada por Virginia Satir que ha heredado los derechos sobre toda su propiedad intelectual. Para información acerca de derechos en materiales de Virginia Satir y/o AVANTA Network dirigirse a: Avanta Network, 310 Third Avenue N.E., Ste. 126, Issaquah, WA 98027, o llame a (206) 391-7310.

Why I Choose My Father To Be My Dad [Por qué escogí a mi padre para que sea mi papá], extraído de *The Six Ingredients of Self-Esteem and How They Are Developed in Your Children* [Los seis ingredientes de la autoestima, y cómo se desarrollan en sus hijos] de Bettie B. Youngs. © 1992 Rawson Assoc.

Bilding Me A Fewchr [Constrúyame un futuro]. Copyright © 1990, ProTeach Publications. Escrito por Frank Trujillo. Todos los derechos reservados (800) 233-3541.

Willing To Pay The Price [El deseo de pagar el precio], extractado de *Self Made in America* [Forjado en los Estados Unidos], escrito por John McCormack. Reimpreso con autorización de Addison-Wesley Publishing Co., Inc., y del autor. © 1990 por The Visible Changes Educational Foundation y David R. Legge.

Two Monks [Los dos monjes] de *Wisdom of the Zen Masters* [Sabiduría de los Maestros Zen] escrito por Irmgard Schloegl. Reimpreso con autorización de New Directions Publishing Corporation. © 1975 Irmgard Schloegl.

Love: The One Creative Force [El amor: La única fuerza creativa]. Reimpreso con autorización de Eric Butterworth. © 1992 Eric Butterworth.

All I Remmenber [Lo único que recuerdo] y *The Bag Lady* [La vagabunda]. Reimpresos con

Just Say It! [¡Solamente dilo!] Reimpreso con autorización de Gene Bedley. © 1992 Gene Bedley.

I Like Myself Now [Estoy contento conmigo ahora], extractado de *Man, The Manipulator* [El hombre, el manipulador] por Everett L. Shostrom. Usado con autorización. © 1967 Abingdon Press.

All The Good Things [Todo lo bueno]. Reimpreso con autorización de Helen P. Mrosla. OSF, y Shippensburg University © 1991 Shippensburg University. Este artículo apareció originalmente en *Proteus: A Journal of Ideas* [Proteus: una publicación de ideas], primavera de 1991. Reimpreso con autorización de *Reader's Digest* de Octubre de 1991.

The Little Boy [El pequeñuelo] por Helen E. Buckley. Reimpreso con autorización de "Glad To Be Me — Building Self-Esteem in Yourself and Others" © 1989 Dov Peretz Elkins. (Princeton, NJ: Growth Associates).

I Think I Can! [¡Creo que puedo!]. Reimpreso con autorización de Michele Borba. © 1992 Michele Borba.

Rest In Peace: The "I Can't" Funeral [Descanse en paz: El funeral del «no puedo»]. Reimpreso con autorización de Chick Moorman. © 1992 Chick Moorman.

The 333 Story [La historia 333]. Reimpreso con autorización de Robert C. Proctor. © 1992 Robert Proctor.

If You Don't Ask, You Don't Get —But If You Do, You Do [Si no pides no consigues, pero si lo haces consigues]. Reimpreso con autorización de Rick Gelinas. © 1992 Rick Gelinas.

The Magic Of Believing [La magia de creer]. Reimpreso con autorización de Dale Madden, presidente de Island Heritage Publishing, división de The Madden Corporation. © 1992 Dale Madden.

Glenna's Goal Book [El libro de metas de Glenna]. Reimpreso con autorización de Glenna Salsbury. © 1991 Salsbury Enterprises.

Another Check Mark On The List [Otra marca en la lista]. Reimpreso con autorización de John Goddard. © 1992 John Goddard.

Look Out! Baby, I'm Your Love Man [¡Cuidado nena! Soy tu hombre]. Reimpreso con autorización de Les Brown y Look Who's Talking.

The Box [La caja] y *You've Got Yourself A Deal* [Ese es tu compromiso]. Reimpreso con autorización de Florence Littauer. © 1992 Florence Littauer, presidente de CLASS Speakers, Inc. escritora de veinte libros entre los cuales están: *Silver Boxes* [Cajas de plata], *Dare to Dream* [Atrévete a soñar] *y Personality Plus* [Personalidad positiva].

Encouragement [Ánimo]. Reimpreso con autorización de Nido R. Qubein. © 1992 Nido R. Qubein.

Walt Jones. Reimpreso con autorización de Edge Learning Institute, Inc. © 1992 Bob Moawad, presidente/CEO.

Service With A Smile [Servicio con una sonrisa]. Extractado de *Service America*, página 128. Reimpreso con autorización de Dow Jones/Irwin. © 1985 Karl Albrecht & Ron Zenke.

Obstacles [Obstáculos]. Reimpreso con autorización de Beacon Press. © 1992 Viktor E. Frankl.

John Corcoran —The Man Who Couldn't Read [John Corcoran, el hombre que no podía leer]. Reimpreso con autorización de John Corcoran. © 1992 John Corcoran.

Jack Canfield es presidente de Self-Esteem Seminars y de The Canfield Training Group, un seminario y una empresa de entrenamiento dedicados a ayudar a individuos y organizaciones a vivir de acuerdo con sus más altos propósitos y aspiraciones. Jack dirige entrenamientos para corporaciones, agencias del gobierno, distritos escolares y seminarios públicos. Tiene también a su cargo discursos de apertura para conferencias y convenciones regionales, estatales y nacionales.

Los siguientes talleres, seminarios y servicios de asesoría están disponibles a través de The Canfield Training Group:

Self-Esteem And Peak Performance [Autoestima y desempeño máximo]

Self-Esteem: The Bottom Line To Success [Autoestima: El camino hacia el éxito]

Self-Esteem: Learning To Love And Express Yourself [Autoestima: Aprender a amar y a expresarse]

Self-Esteem In The Classroom: A Workshop For Teachers And Counselors[Autoestima en el aula: Un taller para maestros y asesores]

How To Build High Self-Esteem [Cómo forjar una alta autoestima]

Parenting For High Self-Esteem [Formación de autoestima en los hijos]

The Ten Steps To Success [Diez pasos hacia el éxito]

[Visionary Selling: How To Become a World Class Salesperson [Visión de ventas: Cómo convertirse en un vendedor de talla mundial]

The Couples Seminar: How To Have An Affair With Your Spouse [Seminario para parejas: Cómo tener una aventura con su cónyuge]

The Self-Esteem Facilitating Skills Seminar: Training The Trainers [Seminario para desarrollar las habilidades de autoestima: Entrenamiento para instructores]

The STAR Program: A Video-Based Corporate Training Program [El programa STAR: Un programa para entrenamiento de corporaciones por medio de videos]

The GOALS Program: A Video-Based Training For At-Risk Adults [El programa GOALS: Un programa de entrenamiento para adultos basado en videos]

Jack tiene también a disposición una amplia variedad de libros y programas en cintas de audio y video. Si quisieras recibir un folleto, o conversar sobre la posibilidad de tener un taller o una fecha de conferencia, por favor contáctalo llamando al (310) 337-9222, o 1-800-2-ESTEEM.

Mark Victor Hansen es conocido por sus clientes como «Motivador de los Negocios en los Estados Unidos». Las empresas Fortune 500 y sus asociaciones profesionales se han interesado en Mark por más de dieciocho años, para aprovechar sus talentos y recursos en las áreas de estrategia y excelencia de ventas, así como en la capacitación y desarrollo personal.

Mark ha dedicado gran parte de su vida a la misión de lograr cambios profundos y positivos en las vidas de los demás. Cada año brinda su experiencia a gente de todo el mundo, ya que viaja más de cuatrocientos mil kilómetros internacionalmente, y dicta más de doscientas conferencias. En toda su carrera ha inspirado a cientos de miles de personas a forjarse un futuro más poderoso y con sentido, mientras estimula la venta de millones de dólares en bienes y servicios.

Miles de personas en todos los Estados Unidos leen su libro *Future Diary* [Diario del futuro]. Su último libro *Dare To Win* [Atrévete a ganar] es ampliamente recomendado por Norman Vincent Peale y Og Mandino, ambos leyendas en el área del desarrollo personal. Ha escrito también *How To Achieve Total Prosperity* [Cómo alcanzar la prosperidad total], y *Miracle Of Tithing* [El milagro de diezmar], todos éxitos de librería.

Además de escritor y conferencista, Mark ha producido una completísima biblioteca de capacitación personal en cintas de audio y de video, que ayuda a sus oyentes a reconocer y usar sus habilidades innatas en los negocios y vidas personales. Su mensaje lo ha convertido en un personaje popular de la televisión, y una figura de la radio. "The Mark Victor Hansen Show" [El show de Mark Victor Hansen] se ve en California del Sur a través de HBO, además de un programa para PBS titulado "Build A Better You" [Construye un mejor tú]. La revista *Success Magazine* informó sobre sus logros en la cubierta de la edición de agosto de 1991.

Mark es un gran hombre de gran corazón y espíritu, una inspiración para aquellos que quieren mejorarse a sí mismos.

Usted puede contactarlo llamando al (714) 759-9304, o fuera de California por el 1-800-433-2314.